ADAC
Reiseführer

Dresden

und die Sächsische Schweiz

von Bernd Wurlitzer
und Kerstin Sucher

Intro

Unterwegs

Zahlstelle

Dresden Kaleidoskop

Karten und Pläne

☐ Service

Leserforum

Die Meinung unserer Leserinnen und Leser ist wichtig, daher freuen wir uns von Ihnen zu hören. Wenn Ihnen dieser Reiseführer gefällt, wenn Sie Hinweise zu den Inhalten haben – Ergänzungs- und Verbesserungsvorschläge, Tipps und Korrekturen – dann kontaktieren Sie uns bitte:

Redaktion ADAC Reiseführer
ADAC Verlag GmbH
Am Westpark 8, 81365 München
Tel. 089/76 76 41 59
verlag@adac.de
www.adac.de/reisefuehrer

Dresden Impressionen

Florenz an der Elbe – Kunst und Prunk, Charme und Lebensart

›Elbflorenz‹ wird Dresden oft genannt. *Johann Gottfried Herder* hat den Beinamen kreiert, als er vom ›deutschen Florenz‹ schrieb. Denn die alte sächsische Residenz- und heutige Landeshauptstadt ist ein Kunst- und Kulturzentrum von europäischem Rang: barocke Prunkbauten, hochkarätige Kunstschätze und dazu eine malerische Lage beiderseits der Elbe.

Schätze der Geschichte

Der Dichterfürst Goethe äußerte begeistert: »Dresden ist ein Ort, der herrlich ist (…)« und über die berühmte **Gemäldegalerie Alte Meister** sagte er: »Ich trat in dieses Heiligtum und meine Verwunderung überstieg jeden Begriff, den ich mir gemacht hatte«. Die Aufkäufer der beiden Kurfürsten – Friedrich August I., später der Starke genannt, und Friedrich August II. – waren emsig in ganz Europa unterwegs. Etwa 4000 Gemälde erwarben sie für den Dresdner Hof, als berühmtestes die ›Sixtinische Madonna‹ von Raffael. Im **Grünen Gewölbe** im Residenzschloss funkeln die Diamanten und Rubine am Meisterwerk des Hofgoldschmiedes Dinglinger, einem indischen Märchen aus Gold und Edelsteinen. Einzigartige Sammlungen besitzen auch die **Rüstkammer**, die **Porzellan-** und die **Skulpturensammlung** und das **Kupferstich-Kabinett**. Den interessierten Dresden-Besucher erwarten rund 30 Museen, darunter viele von Weltrang.

Diese Kunst- und Kulturstadt würde es ohne den kunstsinnigen Friedrich August I. und seinen Sohn Friedrich August II. folglich nicht geben. Das **Augusteische Zeitalter** werden die rund 70 Jahre von 1694 bis 1763 genannt, in denen die beiden regierten und den Weltruf Dresdens begründeten. Ergiebige Silbervorkommen und eine florierende Wirtschaft hatten das **Haus Wettin** reich werden lassen. Um seinen Machtbereich zu vergrößern, wechselte August der Starke zum katholischen Glauben, bestach mit hohen Geldbeträgen den polnischen Adel und errang schließlich unter neun Bewerbern die polnische Königskrone.

1697 endlich war er nicht mehr nur der Kurfürst Friedrich August I. von Sachsen, sondern auch **König August II. von Polen**! Sein großer Traum war Wirklichkeit geworden. Die Krone Polens hob ihn hoch über andere Kurfürsten und Könige, sein Hofstaat war glanzvoller als der des Kaisers, von Dresden nach Warschau reiste er mit 60 vier- und über 70 sechsspännigen Wagen. Er wollte prunken und protzen und Dresden zur modernsten Residenzstadt Europas machen.

Elbflorenz

Der Elbstrom bindet die Alt- und die Neustadt an sich. Landschaft, Kunst und Architektur fügen sich in einzigartiger Harmonie zu einem faszinierenden Ensemble. Auf der Altstadtseite reihen sich Perlen der Baukunst aneinander, der **Theaterplatz** gilt als eine der schönsten Platzanlagen Deutschlands. Balthasar Permoser hat am **Zwinger** und Lorenzo Mattielli an der **Kathedrale** Bildwerke hinterlassen, die zu den ganz großen Leistungen

Ganz oben: *Üppig blühen die Blumenbeete vor dem Bergpalais des Schlosses Pillnitz*
Oben: *Hingabe à la Porzellan-Manufaktur Meissen*
Links: *Die Kuppeln von Albertinum (links), Frauenkirche (hinten) und Kunstakademie*

des 18. Jh. gehören. Der Elbsandstein, von Natur aus gelblich-grau, wurde für Dresdens Architektur charakteristisch. Leider ist er besonders anfällig für Umweltbelastungen. Die Luftverschmutzung frisst sich tief in das Gestein, es wird schwarz und lässt sich selbst mit modernster Technik nicht reinigen.

Viele **Künstler** zog die Stadt am Strom in ihren Bann, so die Maler Caspar David Friedrich, Adrian Ludwig Richter und Carl Gustav Carus, deren Arbeiten in der **Galerie Neue Meister** hängen. Carl Maria von Weber und Richard Wagner wurden in der Oper mit Ovationen gefeiert, später dann die Dirigenten Ernst Edler von Schuch, Fritz Busch und Karl Böhm. Die **Semperoper** war und ist eine Kulturstätte ersten Ranges und die Kartennachfrage übersteigt bei weitem die Zahl der vorhandenen Plätze. Den Ruf Dresdens als **Musikstadt** tragen außerdem die Dresdner Philharmonie und die Sächsische Staatskapelle sowie die frischen Knabenstimmen des Kreuzchores um die Welt.

Augusteische Anekdoten

Und wer aus der Welt nach Dresden kommt, lernt gesellige, gemütliche Menschen kennen, die schnell mit den Gästen ins Gespräch kommen. Bestimmt wird auch im besten sächsischen Dialekt und bei einem ›Schälchen Heeßen‹ – wie der Dresdner seine Tasse heißen Kaffee

nennt – eine der vielen Anekdoten erzählt, die sich um **August den Starken**, den Draufgänger und Unwiderstehlichen, ranken. Seine Leibes- und Liebeskräfte sollen sagenhaft gewesen sein. Der **›sächsische Herkules‹** soll als Kind Löwenmilch getrunken, später silberne Teller wie Papier zusammengerollt und mit bloßen Händen Hufeisen zerbrochen haben. Halb Europa glaubte an die Fabel von seinen unzähligen Sprösslingen. Wilhelmine Friederike Sophie von Bayreuth, die Schwester des Preußenkönigs Friedrich des Großen, hat diese Geschichten in die Welt gesetzt: »Der König unterhielt eine Art Serail der schönsten Frauen seines Landes. Als er starb, berechnete man die Zahl der Kinder, welche er von seinen Mätressen hatte, auf 354.« Fast alle Herrscher des Barock besaßen solche Mätressen. Häufig machten diese Damen den königlichen Hof zum beachteten Mittelpunkt und standen im Rang sogar über den Ministern. Die Historiker haben nachgeforscht, die Kinder von August gezählt und die Legende zerstört: Neun legitimierte Kinder verzeichnen die Annalen, darunter einen ehelichen Sohn und drei Kinder, die ihm seine berühmteste Mätresse gebar, die **Reichsgräfin von Cosel**. Sie war eine Frau voller Schönheit, Anmut und Charme. Die bezaubernde Cosel, schnell zur ersten Dame des Hofes avanciert und im **Taschenbergpalais** residierend, heute Dresdens vornehmste Hoteladresse, mochte aber mit dem Kurfürst nicht nur das Bett teilen. Sie forderte immer mehr Geld und versuchte, Einfluss auf die Politik zu nehmen. Kurzerhand ließ August der Starke sie auf der **Burg Stolpen** einsperren. 49 Jahre – bis zu ihrem Tod – musste die Gräfin dort zubringen.

Oben links: *Keck wacht der steinerne Dreispitzträger über die Brücke zur Moritzburg*
Oben rechts: *Der Zwinger aus der Vogelperspektive: ein vorzügliches Gesamtkunstwerk*
Mitte: *Ein Ausflug zum Spitzhaus über Radebeul garantiert eine herrliche Aussicht*
Links: *Das Foyer der Semperoper beeindruckt durch seine edle Ausstattung*

Phönix aus der Asche

Was August der Starke und Generationen nach ihm für die Kunst und Architektur Dresdens geleistet hatten, das versank **1945** innerhalb weniger Stunden in Schutt und Asche. In der Nacht vom **13. zum 14. Februar** klinkten britische und amerikanische Flugzeuge über Dresden eine halbe Million Bomben aus. Ein **Feuersturm** jagte durch die Stadt und verwandelte das Zentrum von ›Elbflorenz‹ in eine Steinwüste; vermutlich 35 000 Menschen fanden den Tod. Gerhart Hauptmann, der große Dichter, schaute von Oberloschwitz auf das Flammeninferno und notierte: »Wer das Weinen verlernt hat, der lernt es beim Untergang Dresdens wieder.« Die Elbstadt war ein Opfer des größten Luftangriffs des Zweiten Weltkrieges geworden.

Viele **Prachtbauten** erstrahlen wieder im alten Glanz wie der Zwinger, das Spitzenwerk höfischen Barocks, und die **Frauenkirche** mit ihrer markanten Kuppel. Die letzten Baulücken in der Innenstadt werden sich in den nächsten Jahren schließen, beispielsweise am Wiener Platz und in der Prager Straße. Größte Baustelle bleibt der Neumarkt, der weitgehend sein spätbarockes Antlitz zurückerhalten wird.

Dresden ist jedoch nicht nur eine Stadt der Museen und prachtvollen Bauwerke, es ist auch eine quirlige Stadt. In der **Äußeren Neustadt** zum Beispiel mit ihren eng bebauten Straßenzügen hat sich zwischen Königsbrücker Straße und Lutherplatz eine vielfältige kulturelle Szene herausgebildet. Es gibt unzählige Kneipen, aber auch ein vielfältiges Shopping- und Kulturangebot.

Der Reiseführer

Die Meisterwerke der Architektur drängen sich in der **Inneren Altstadt**, die in diesem Reiseführer im *ersten Kapitel* von ›Unterwegs‹ vorgestellt wird, dem als *zweites* die **Innere Neustadt** auf dem rechtselbischen Ufer folgt. Auch hier hat August der Starke vielfach seine Handschrift hinterlassen und dort, am Neustädter Elbufer, reitet er auf seinem feurigen Lipizzaner: Ein Reiterdenkmal ganz in Gold – wie es einem König gebührt. Bereits vor 270 Jahren wurde dieser **Goldene Reiter** gefertigt.

Als die Stadtbefestigung fiel, dehnte sich Dresden aus, **Vorstädte** entstanden, Dörfer wurden eingemeindet – die Sehenswürdigkeiten der äußeren Stadtviertel bilden das *dritte* und *vierte Kapitel* des Buches. Den Abschluss bilden **Ausflüge** in die vielgepriesene schöne **Umgebung**, die der in Dresden geborene Erich Kästner liebevoll so beschrieb: »Geschichte, Kunst und Natur schweben über Stadt und Tal, vom Meißner Dom bis zum Großsedlitzer Schlosspark, wie ein von seiner eigenen Harmonie bezauberter Akkord.« Zu diesen reizvollen Zielen, in die bizarre

Oben rechts: *Als sei er ein Nachfahre König Midas': August der Starke als Goldener Reiter*
Unten rechts: *Dresden, karibisch: Am sommerlichen Stadtstrand lässt es sich wohl sein*
Unten: *Hoch ragende Felsen und der breite Elbstrom prägen das Elbsandsteingebirge*

Felsenwelt des **Elbsandsteingebirges** und nach **Meißen**, der ›Wiege Sachsens‹ und des berühmten edlen **Porzellans**, reisen jährlich Hunderttausende auf eisernen Zeugen einer längst vergangenen Schiffsepoche: Am Altstädter Elbufer hat die größte und älteste **Raddampferflotte** der Welt ihren Liegeplatz. Wenn die Schaufelräder durch das Wasser pflügen, weht ein Hauch Nostalgie über der Elbe, die sich im großen Bogen durch Dresdens Stadtzentrum schwingt.

So stellt dieser Reiseführer die Stadt mit all ihren Reizen und Sehenswürdigkeiten vor. Die **Top Tipps** gewährleisten ein schnelles Auffinden der Highlights, **Stadtpläne**, **Karten** und ein **Verkehrslinienplan** erleichtern die Orientierung. **Dresden Aktuell A bis Z** enthält Informationen zu Anreise, Einkaufen, Essen und Trinken, Feste und Feiern, Stadtbesichtigung, Unterkunft etc. Ein **Kaleidoskop** mit Kurzessays zu interessanten regionalspezifischen Themen rundet den Band ab.

Geschichte, Kunst, Kultur im Überblick

Stadtbiographie mit starken Königen und passionierten Sammlern, großen Künstlern und Architekten

6. Jh. v. Chr. Germanische Landnahme im Elbraum.
600 n. Chr. Slawische Stämme besiedeln das entvölkerte Gebiet.
929 König Heinrich I. lässt die Burg Meißen errichten.
1089 Heinrich von Eilenburg († 1103) wird mit der Markgrafschaft Meißen belehnt. Beginn der 800-jährigen Regierungszeit der Wettiner.
1206 Erste urkundliche Erwähnung von Dresden. Offizielles Geburtsjahr der Stadt.
1287 Die heutige (steinerne) Augustusbrücke wird erstmals genannt.
1300 Die Kreuzschule wird als erste Schule Dresdens erwähnt.
1309 Ältestes überliefertes Stadtsiegel.
1350 Zum ersten Mal verzeichnen die Chroniken eine Antiqua Dressdin (Altendresden) genannte Siedlung auf dem rechtselbischen Ufer.
1403 Altendresden (die heutige Neustadt) erhält Stadtrecht.
1423 Markgraf Friedrich der Streitbare von Meißen (1370–1428) bekommt die Kurwürde verliehen und darf somit an der Wahl des deutschen Königs teilnehmen; der Name Sachsen wird auf das Herrschaftsgebiet der Wettiner übertragen.
1434 Kurfürst Friedrich II. (1412–1464) erlaubt den Dresdnern, am 24. Dezember einen ›freien Markt‹ abzuhalten.
1464 Dresden wird Residenzstadt der Wettiner, die Brüder Ernst (1441–1486) und Albrecht (1443–1500) regieren das Land rund zwei Jahrzehnte von Dresden aus.
1485 Teilung des sächsischen Landes unter den Brüdern Ernst und Albrecht, Dresden wird Residenz der albertinischen Linie. Die Kurwürde fällt an die künftig in Wittenberg residierenden Ernestiner.

Im Zeichen der Wettiner – Siegel des Dresdner Rates (1309)

1491 Ein großer Brand vernichtet weite Teile der Stadt. Die neue Bauordnung schreibt fortan Ziegeldächer vor sowie den Bau von Eckhäusern und von Fassaden bis zum ersten Stock aus Stein.
1539 Die Reformation wird mit einem feierlichen Gottesdienst in der Kreuzkirche eingeführt.
1545 Die Viehhaltung in der inneren Stadt wird untersagt.
1546 Beginn der letzten großen Erweiterung der Stadtmauer und Festungswerke unter Einbeziehung des Gebietes um den heutigen Neumarkt.
1547 Die Albertiner erlangen die Kurwürde für Sach-

◁ Kurfürst Moritz überreicht seinem Bruder August das Kurschwert, Moritzmonument (um 1553) an der Brühlschen Terrasse

sen – Voraussetzung für Dresdens Aufstieg zur hochrangigen Kunst- und Kulturstadt.

1548 Gründung der Hofkapelle, der heutigen Sächsischen Staatskapelle.

1550 Altendresden wird mit Dresden vereint.

1553 Mit dem Moritzmonument entsteht das erste Denkmal in Dresden. Es wird an der späteren Bastion Mars in der Nähe des Pirnaischen Tores aufgestellt.

1560 Einrichtung der Dresdner Kunst- und Naturalienkammer im Schloss durch Kurfürst August (1526–1586).

1617 Heinrich Schütz (1585–1672) wird kurfürstlich-sächsischer Hofkapellmeister. Er komponiert 1627 die erste deutsche Oper ›Daphne‹.

1632/33 Eine Pestepidemie rafft große Teile der Bevölkerung dahin.

1656 Wolf Caspar von Klengel (1630–1691), der die späteren Kurfürsten Johann Georg IV. und Friedrich August I. als Prinzen unterrichtet, wird zum Oberlandbaumeister ernannt.

1660 Die neue Bauordnung besagt: »Nicht der Stadtzierde zuwider oder dem Nachbar zum Schaden.« Baufluchten müssen eingehalten werden.

1685 Ein Brand zerstört große Teile von Altendresden.

1689 Der aus Süddeutschland stammende Balthasar Permoser (1651–1732) kommt als Hofbildhauer nach Dresden. Seine Hauptwerke befinden sich am Zwinger.

1694 Friedrich August I., der Starke (1670–1733), übernimmt nach dem plötzlichen Tod seines kinderlosen Bruders Johann Georg IV. (1668–1694) die Regierungsgeschäfte.

1696 Geburt von Kurprinz Friedrich August, dem einzigen Kind aus der Ehe Augusts des Starken mit Kurfürstin Christiane Eberhardine von Brandenburg-Bayreuth.

1697 Nach seinem Übertritt zum Katholizismus wird Friedrich August I. als August II. zum König von Polen gekrönt (reg. bis 1706 und wieder ab 1709 bis zu seinem Tod).

1703 Anna Constanze von Brockdorf (1680–1765) kommt nach Dresden. Die spätere Reichsgräfin Cosel ist die berühmteste Mätresse Augusts des Starken.

1705 Kaiser Leopold I. stirbt in Wien. Als Reichsvikar führt August der Starke bis zur Wahl eines neuen Kaisers die Geschäfte des Reiches. – Die Malerakademie entsteht, aus der 1764 die Königlich-Sächsische Akademie der Bildenden Künste hervorgeht. 1950 werden die Akademie der Bildenden Künste und die seit 1875 bestehende Kunstgewerbeakademie zur Hochschule für Bildende Künste vereint.

1707–09 Johann Friedrich Böttger (1682–1719) gelingt auf der Grundlage von Ehrenfried Walther von Tschirnhaus' Forschungen die Herstellung des europäischen weißen Porzellans.

1708 August der Starke bestimmt, dass in Dresden fortan nur noch Steinbauten errichtet werden dürfen.

1710 Die Porzellanmanufaktur, auf Geheiß Augusts des Starken in Dresden gegründet, wird noch im selben Jahr auf die Albrechtsburg in Meißen verlegt.

1711 Kaiser Joseph I. stirbt an den Pocken. August der Starke ist gemeinsam mit dem Kurfürsten von der Pfalz Reichsvikar.

1713 Reichsgräfin von Cosel fällt bei August dem Starken in Ungnade und wird ab 1716 auf die Burg Stolpen verbannt, wo sie nach 49 Jahren Festungshaft im Alter von 84 Jahren stirbt.

1718 Der Erbauer des Zwingers, Matthäus Daniel Pöppelmann (1662–1736), der 1680 nach Dresden gekommen war, wird zum Leiter des neuen Oberlandbau-

August der Starke besucht Johann Friedrich Böttger, den Erfinder des Porzellans, auf der Albrechtsburg von Meißen ▷

amtes berufen, das alle Profanbauten der Stadt zu genehmigen hat.
1719 Dresden erlebt mit der Hochzeit von Kronprinz Friedrich August (1696–1763) und der Kaisertochter Maria Josepha (1699–1757) das pompöseste Fest seiner Geschichte. – Das neue von Pöppelmann erbaute Opernhaus am Zwinger (1849 durch Brand zerstört) ist mit rund 2000 Plätzen das größte Theater in Deutschland.
1721 Umbenennung der Festungsbastionen auf Befehl Augusts des Starken nach der Sonne und sechs ihrer Planeten.
1723–29 Einrichtung des Grünen Gewölbes als kurfürstliche Schatzkammer im Residenzschloss.
1727 Tod von Kurfürstin Christiane Eberhardine. August der Starke nimmt an der Beerdigung seiner Gemahlin nicht teil.
1730 Als erster seines Faches bekommt George Bähr (1666–1738) in Dresden den Titel Architekt verliehen. Sein bedeutendstes Werk ist die Frauenkirche. Sie wird 1945 zerstört, 1994–2005 jedoch wieder aufgebaut.
1732 Altendresden erhält den Namen Neue Königsstadt, später kurz Neustadt genannt.
1733 August der Starke stirbt. Nachfolger als Kurfürst wird sein Sohn Friedrich August II., dessen Wahl als August III. zum König von Polen am 5. Oktober erfolgt.
1734 Nach nur achtjähriger Bauzeit wird die Frauenkirche geweiht.
1738 Beginn der Arbeiten an der Katholischen Hofkirche.
1748 Bernardo Bellotto, gen. Canaletto (1721–1780), seit 1746 auf Einladung Augusts in Dresden, wird zum Hofmaler ernannt.
1754 Raffaels Bild ›Sixtinische Madonna‹ trifft in Dresden ein und wird zur Hauptattraktion der Gemäldegalerie Alte Meister.
1760 Die Truppen von Preußenkönig Friedrich II. (1712–1786) zerstören im Siebenjährigen Krieg durch Artilleriebeschuss weit über ein Drittel der Dresdner Altstadt.
1763 Mit dem Friedensschluss von Hubertusburg (Ende des Siebenjährigen Krieges) verliert Sachsen das Anrecht auf die Krone Polens. – Tod von Kurfürst Friedrich August II. Der neue Kurfürst Friedrich Christian (1722–1763) regiert nur wenige Wochen, er stirbt plötzlich an den Pocken. Sein Nachfolger wird Friedrich August III. (1750–1827).
1766 Der Schweizer Anton Graff (1736–1813) kommt als Hofmaler nach Dresden. Er und sein Landsmann Adrian Zingg (1734–1816) sollen für den sächsischen Teil des Elbsandsteingebirges die volkstümliche Bezeichnung ›Sächsische Schweiz‹ geprägt haben.
1768 Johann Wolfgang von Goethe (1749–1832) besucht, noch Student in Leipzig, zum ersten Mal Dresden.
1775 Auf dem Schlossturm wird der erste Blitzableiter Dresdens installiert.
1806 Französische Truppen besetzen Dresden und Sachsen wird Königreich von Napoleons Gnaden.
1808 Heinrich von Kleist (1777–1811) weilt in Dresden und schreibt hier sein Drama ›Käthchen von Heilbronn‹ sowie seine Novelle ›Michael Kohlhaas‹.
1809 Frankreichs Kaiser Napoleon I. (1769–1821) befiehlt, die Festungswerke zu schleifen.
1813 König Friedrich August I. (1750–1827) wird in der Völkerschlacht bei Leipzig am 19. Oktober gefangen genommen und nach Berlin gebracht. Sachsen erhält den Status eines russisch-preußischen Generalgouvernements.
1813/14 Fürst Nikolaus Repnin-Wolkonski (1778–1845), der an der Spitze des Generalgouvernements steht, bestimmt das Brühlsche Palais zu seinem Wohn- und Amtssitz.

Gräfin Cosel, die Mätresse Augusts des Starken, als Teilnehmerin des Damenringrennens von 1709

Hofmaler Bernardo Bellotto, gen. Canaletto, malte 1751–53 dieses Dresden-Panorama mit Augustusbrücke, Frauenkirche und Katholischer Hofkirche (Gemäldegalerie Alte Meister)

1815 Sachsen muss auf dem Wiener Kongress zwei Drittel seines Gebietes an Preußen abtreten, darunter die Niederlausitz und Teile der Oberlausitz. – Der König kehrt am 7. Juli aus der Gefangenschaft zurück.

1817 Carl Maria von Weber (1786–1826) wird Hofkapellmeister.

1827 Der Arzt und Maler Carl Gustav Carus (1789–1869), der seit 1814 in Dresden wirkt, wird Leibarzt der Königlichen Familie.

1828 Eröffnung der Königlichen Technischen Bildungsanstalt. Ab 1871 heißt sie Königlich-Sächsisches Polytechnikum, ab 1890 Technische Hochschule und seit 1961 Technische Universität.

1831 Sachsen wird nach den Unruhen des Jahres 1830 Verfassungsstaat. Die Kunstsammlungen werden Staatseigentum.

1832 Der Künstler Ernst Rietschel (1804–1861) erhält die Berufung als Professor an die Kunstakademie. Er begründet zusammen mit Ernst Julius Hähnel (1811–1891) die Dresdner Bildhauerschule des 19. Jh.

1834 Gottfried Semper (1803–1879) kommt nach Dresden. Ab 1839 ist er Professor für Baukunst an der Kunstakademie.

1835 Einführung der allgemeinen Schulpflicht.

1836/37 Der Vogtländer Johann Andreas Schubert (1808–1870) baut das erste Elbe-Dampfschiff ›Königin Maria‹ und kurz darauf die erste deutsche Lokomotive ›Saxonia‹.

1837 Beginn der öffentlichen Dampfschifffahrt auf der Elbe zwischen Dresden und Rathen.

1839 Eröffnung der ersten deutschen Eisenbahnfernverbindung zwischen Leipzig und Dresden. – Der Mechaniker und Optiker Friedrich Wilhelm Enzmann beginnt als einer der ersten in der Welt Kameras herzustellen und macht Dresden damit zur Wiege der deutschen Fotoindustrie.

1841 Adrian Ludwig Richter (1803–1884), der führende Vertreter der deutschen Spätromantik, wird Professor an der Kunstakademie.

1843 Der seit einem Jahr in Dresden weilende Richard Wagner (1813–1883) bekommt die Stelle des Hofkapellmeisters.

1849 Gottfried Semper und Richard Wagner müssen wegen der Teilnahme am Dresdner Maiaufstand aus der Stadt fliehen.

1853 Im Coselpalais richtet die königlich-sächsische Polizeidirektion das erste Einwohneramt ein.

1854/55 Die Gemäldegalerie Alte Meister kann in den nach Plänen Gottfried Sempers errichteten Neubau des Zwingers einziehen.

1861 Der Zoologische Garten, der älteste Tiergarten im Osten Deutschlands, wird gegründet.

1862 Die erste Zigarettenfabrik Deutschlands nimmt die Produktion auf. 1880 bestehen bereits 21 Firmen.

1868–74 Bau der Kanalisation im Dresdner Stadtgebiet.

1872 Gründung der Dresdner Bank. – Die erste Linie der Pferdestraßenbahn nimmt den Betrieb auf.

1883 Zehn Pferdebahnlinien mit einer Streckenlänge von 42 km bestehen in der Stadt, 524 Pferde und 111 Wagen werden eingesetzt.

1893 Die ›Blaues Wunder‹ genannte Elbbrücke, eine technische Meisterleistung der damaligen Zeit, wird dem Verkehr übergeben. – Vom Schlossplatz nach Blasewitz führt die erste elektrifizierte Straßenbahnlinie.

Denkmal des Architekten Gottfried Semper (1892) auf der Brühlschen Terrasse

Richard Wagner – der Steckbrief eines politischen Flüchtlings (1849)

1901 In Anwesenheit von Kronprinz Friedrich August (1865–1932) wird die Bergschwebebahn zur Loschwitzhöhe in Betrieb genommen.

1905 Bildung der Dresdner Künstlervereinigung ›Die Brücke‹, der erste Zusammenschluss expressionistischer Künstler in Deutschland.

1910 Die Raddampferflotte bekommt das Terrassenufer unterhalb der Brühlschen Terrasse als ständigen Liegeplatz zugewiesen.

1911 Uraufführung des ›Rosenkavaliers‹ von Richard Strauss unter dem Dirigenten Ernst Edler von Schuch. – Die I. Internationale Hygiene-Ausstellung findet statt. Sie zieht innerhalb weniger Monate mehr als 5 Mio. Besucher an.

1918 König Friedrich August III. dankt ab, Dresden wird Hauptstadt des Freistaates Sachsen.

1920 Die Verfassung des Freistaates Sachsen wird angenommen.

1922 Im Alter von erst 32 Jahren erhält Fritz Busch (1890–1951) die Berufung zum Generalmusikdirektor der Staatsoper. 1933 titulieren ihn Nationalsozialisten als ›Judenfreund‹ und zerren ihn während einer Verdi-Aufführung vom Dirigentenpult. Busch verlässt daraufhin Deutschland und geht nach Buenos Aires.

1925 Erste Rundfunksendung aus Dresden. – Gret Palucca (1902–1993) gründet ihre später zu Weltruhm gelangte Schule für künstlerischen Tanz.

1931 Die moderne Abteilung der Gemäldegalerie wird als Gemäldegalerie Neue Meister etabliert.

1933 Auflösung des Landtages.

1935 Bau des Flughafens Dresden Klotzsche.

1937 Bilder der in Dresden wirkenden Maler wie Otto Dix, Conrad Felixmüller und Karl Schmidt-Rottluff werden aus der Gemäldegalerie entfernt und in München auf der Ausstellung ›Entartete Kunst‹ gezeigt.

1938 Reichspogromnacht auch in Dresden. Nationalsozialisten setzen die von Gottfried Semper geschaffene Synagoge in Brand.

1945 Zerstörung Dresdens am 13./14. Februar durch britische und amerikanische Bomber. Einmarsch der Sowjetarmee am 8. Mai. – Erste Konzerte der Philharmonie und des Kreuzchors.

1946 Kunstschätze, die während des Zweiten Weltkrieges ausgelagert waren, werden in die Sowjetunion abtransportiert.

1949 Gründung der DDR.

1952 Das Land Sachsen wird aufgelöst und die Bezirke Dresden, Chemnitz (Karl-Marx-Stadt) und Leipzig entstehen. Dresden wird Bezirksstadt. – Gründung der Hochschule für Musik Carl Maria von Weber.

1953 Grundsteinlegung für den Wiederaufbau des Altmarktes und somit erster Schritt zur Rekonstruktion des Dresdner Stadtzentrums.

1956 Wiedereröffnung der Gemäldegalerie Alte Meister, nachdem ein Jahr zuvor die bedeutendsten Bilder der Sammlung aus der Sowjetunion zurückgekehrt waren.

1976 Der Wiederaufbau der Katholischen Hofkirche ist abgeschlossen.

1979 Ovationen für Karl Böhm (1894–1981), der von 1933 bis 1942 Generaldirektor der Staatsoper war und nun noch einmal an seine einstige Wirkungsstätte zurückkehrt. Böhm und die Staatskapelle spielen Schuberts ›Unvollendete‹ zu diesem feierlichen Anlass.

1981 Dresden wird Sitz des Bistums Dresden-Meißen, die Katholische Hofkirche erhält den Rang einer Kathedrale.

1985 40 Jahre nach ihrer Zerstörung wird die Semperoper mit Carl Maria von Webers ›Der Freischütz‹ wieder eröffnet.

1989 Demonstrationen und Diskussionen führen am 8. Oktober in Dresden zur Bildung der ›Gruppe 20‹. Dieses demokratische Bürgerkomitee organisiert und leitet die friedliche Revolution in Dresden gegen die DDR-Staatsführung.

1990 Nach mehr als 40 Jahren finden die ersten freien Wahlen statt. Der Freistaat Sachsen entsteht wieder und Dresden wird Landeshauptstadt.

1994 Beginn des Wiederaufbaus der Frauenkirche.

2001 Die ersten Luxusautos verlassen die Gläserne Manufaktur von VW.

2002 Im August erlebt Dresden eine Jahrhundertflut. Große Teile der Stadt einschließlich des Zwingers und der Semperoper stehen unter Wasser.

2003 Seit Pfingsten läuten in der Frauenkirche wieder die Glocken, die Baugerüste werden entfernt.

2004 Das Dresdner Elbtal wird von der UNESCO in die Liste des Weltkulturerbes aufgenommen.

2005 Am 30. Oktober wird mit einem großen Festakt die Frauenkirche geweiht.

2006 Mit der Rückkehr des Historischen Grünen Gewölbes in das Residenzschloss ist die berühmte Schatzkammer wieder vollständig an ihrem Entstehungsort zu besichtigen.

2007 Der Stadtrat will durch den Bau der sog. Waldschlösschenbrücke über die Elbe den Stadtverkehr entlasten. Da die Brücke jedoch Dresdens Status als Weltkulturerbe gefährden würde, kommt es zu langwierigen gerichtlichen Auseinandersetzungen.

Auferstehung aus Trümmern – die Frauenkirche 1994 als Ruine mit Baukränen und 2004 nach Aufsetzen der Turmhaube

Traum aus Stein – Balthasar Permosers zauberhafte Hermen am Wallpavillon des Zwingers

Unterwegs

Innere Altstadt – Schätze der Weltkultur

Aus dem kleinen mittelalterlichen Flecken *Dresdene* wuchs – nach der Eingliederung von Altendresden auf dem rechtselbischen Ufer im 16. Jh. und der Eingemeindung der Vorstädte im 17. Jh. – die Großstadt Dresden heran. Dem **alten Stadtkern** am linken Ufer der Elbe, Innere oder Historische Altstadt genannt, gilt das besondere Interesse der Besucher. Diesen Stadtteil begrenzt im Norden die Elbe, im Westen sind es Zwinger und Postplatz, im Süden und Osten die auf dem Gelände der alten Stadtbefestigung erbauten Wallstraßen, Dr.-Külz-Ring und St. Petersburger Straße.

1 Theaterplatz

Top Tipp

Dresdens repräsentativster Platz mit Baudenkmälern von Weltruf.

Tram 4, 8, 9 bis Theaterplatz

Die meisten Dresden-Besucher eilen zunächst hierher, denn im weiten Bogen umrahmen den in Elbnähe liegenden Theaterplatz jene monumentalen Bauwerke, die den Ruhm Dresdens als Zentrum der Kunst und Architektur begründet haben: **Semperoper** [Nr. 2], **Italienisches Dörfchen** [Nr. 3], **Zwinger** [Nr. 5], **Residenzschloss** [Nr. 13] und **Kathedrale** [Nr. 14]. Der Theaterplatz erhielt sein heutiges Erscheinungsbild im Wesentlichen während des 19. Jh., als Baudenkmäler wie die Semperoper und die **Altstädter Wache** [Nr. 4] errichtet wurden. Seitdem

das Residenzschloss – Inbegriff der Königsstadt Dresden – in alter Pracht völlig wieder hergestellt ist, rangiert der Theaterplatz wieder ganz vorn in der Reihe der schönsten Platzanlagen Europas.

Mitten auf seiner weiten gepflasterten Fläche steht das bronzene **Reiterdenkmal König Johanns** (1889) von Johannes Schilling. Der sächsische Monarch schaut in Richtung der Kathedrale (ehem. Katholische Hofkirche). Es wird erzählt, er achte seit nunmehr 150 Jahren darauf, dass sein besonders schmuckreicher Sarkophag nicht aus der Gruft der Kirche entwendet werde. Des Königs Sorge ist jedoch unbegründet, denn kein Dieb wäre in der Lage, das 5 t schwere *Grabdenkmal* die Treppen hochzuwuchten. Johann regierte – nach dem plötzlichen Tod seines Bruders Friedrich August II. – von 1854 bis 1873. Er war weniger der Königswürde zugetan als den Wissenschaften und galt als Danteforscher. Unter dem Pseudonym Philalethes hatte er noch als Prinz die ›Göttliche Komödie‹ übersetzt. Sein Reiterdenkmal zeigt Johann jedoch in königlicher Pose mit Mantel und Zepter hoch zu Ross – auf einem mit allegorischen Szenen reich reliefierten Sockel.

Fast versteckt zwischen Semperoper und Gemäldegalerie steht das **Denkmal für Carl Maria von Weber** (um 1855). Ernst Rietschel hat die überlebensgroße Bronzestatue des Komponisten des ›Freischütz‹ geschaffen, das Postament stammt von Georg Hermann Nicolai.

Oben: *Die weltberühmte Semperoper, der Ruhmestempel sächsischer Musik, Kunst und Kultur*
Links: *Großartige Kulisse – Theaterplatz mit dem Reiterdenkmal König Johanns, der Kathedrale, dem Residenzschloss und der Altstädter Wache*

2 Semperoper
Sächsische Staatsoper

TOP TIPP *Der Ruhmestempel der sächsischen Kunst gehört zu den schönsten Musiktheatern Europas.*

Theaterplatz
Tel. 03 51/491 14 96
www.semperoper-fuehrungen.de
Die Führungen (Dauer 45 Min.) richten sich nach dem Proben- und Vorstellungsprogramm.
Tram 4, 8, 9 bis Theaterplatz

In der Geschichte der Architektur gewiss einmalig, präsentiert sich hier ein Bauwerk, das nach den Plänen ein und desselben Architekten dreimal neu entstand. Diesen Rekord hält die Sächsische Staatsoper, volkstümlich nach ihrem Baumeister Semperoper genannt. Es war für das Erscheinungsbild der Stadt wahrlich ein Glück, dass dieser geniale Baumeister 1834 nach Dresden kam.

Geschichte Am 12. April 1841 öffnete sich im *Hoftheater* zum ersten Mal der Vorhang. Das neue Haus von **Gottfried Semper**, ein Rundbau in den Formen der italienischen Renaissance, wurde damals als eines der schönsten Theater Europas gerühmt. Ab 1843 war *Richard Wagner* hier als Kapellmeister tätig. Nachdem das Königliche Theater im Jahre 1869 durch einen Brand vernichtet worden war, wurde nach Plänen Gottfried Sempers 1871–78 ein **Neubau** errichtet. Da Semper in Wien unabkömmlich war, übernahm sein Sohn Manfred die Bauausführung. Die Semperoper entwickelte sich zu einer der angesehensten Bühnen Europas. Hier fanden allein 51 Ur- und 120 Erstaufführungen unter solch bedeutenden Dirigenten wie Ernst Edler von Schuch, Fritz Busch und Karl Böhm, statt. Diesem Wohlklang setzte die Bombennacht im Februar 1945 ein jähes Ende: Mit dem übrigen Dresden sank auch die weltberühmte Semperoper in Schutt und Asche. In den Folgejahren konnte die **Ruine** zunächst nur gesichert werden. Schließlich begann 1977 – unter der Leitung des Architekten Wolfgang Hänsch – die **Wiederherstellung** des Opernhauses nach den Originalplänen. Der Gebäudekomplex wurde um drei moderne Funktionsbauten für Probebühnen, Garderoben und Verwaltungsräume erweitert, die sich auf der Rückseite unauffällig angliedern. Am 13. Februar 1985, genau 40 Jahre nach der zweiten Zerstörung, wurde das Opernhaus mit dem ›Freischütz‹ zum dritten Mal eröffnet – jener Oper Carl Maria von Webers, die als letzte vor der Schließung aufgeführt worden war.

Überschwängliche Opernpracht als Einstimmung auf musikalische Genüsse

Besichtigung Die Welt erhielt 1985 eines ihrer schönsten Musiktheater wieder. Beim Wiederaufbau gelang eine Synthese von historischem Baudenkmal und moderner **Bühnentechnik**, architektonische Bravour und fabelhaftes Klangvermögen verschmelzen zu einer Einheit. Der Besuch der Semperoper gehört zu den Höhepunkten eines touristischen Dresden-Aufenthaltes. Die Rekonstruktion des 20. Jh. stellt den Originalzustand des zweiten Semperbaus wieder her: Die kolossale **Fassade** im Stil der Renaissance mit ihren elegant geschwungenen Fensterarkaden öffnet sich in der Mitte in eine tiefe halbrunde **Exedra** mit dem prachtvollen Eingangsportal. Sie wird bekrönt von einer bronzenen *Panther-Quadriga* mit Dionysos und Ariadne, ein Werk Johannes Schillings. Vom 1869 abgebrannten Theater blieben vier Skulpturen von Ernst Julius Hähnel erhalten. In den Nischen der beiden Fassadenenden stehen die Figuren berühmter Theaterdichter: Auf der linken Seite erscheinen Shakespeare (unten) und Sophokles, rechts stehen Molière (unten) und Euripides.

Seit 1985 sind die Spuren der Kriegszerstörung vergessen. Ob im Parkett, auf den Rängen oder in der Königsloge: Atmosphäre und Akustik versprechen einen unvergesslichen Abend

Verwundert schaut mancher Besucher auf die den Eingang flankierenden Sitzfiguren von **Goethe** und **Schiller**, Werke von Ernst Rietschel. Die Dichterfürsten sind jedoch aus gutem Grund hier. Sie erinnern an die ersten Jahre nach der Eröffnung, als die zweite Semperoper auch als Schauspielhaus diente.

Im **Inneren** gelangt der Besucher zunächst in das prachtvolle **Hauptfoyer**. Von hier führen die reizenden Treppenvestibüle und Wandelgänge in den **Zuschauerraum**, der mit seiner kostbaren Ausstattung und seinem reichen Dekor originalgetreu wieder hergestellt wurde. Die königliche Atmosphäre und die exzellente Akustik scheinen unverändert. Modernisierungen betrafen vor allem die Bühnentechnik und die Verbesserung der Sichtverhältnisse durch Entfernung des fünften Ranges. Wem das Glück, eine der Aufführungen der Staatsoper zu besuchen, nicht beschieden ist, der sollte unbedingt an einer der Besichtigungstouren teilnehmen.

3 Italienisches Dörfchen

Im Namen dieser Gaststätte lebt die Erinnerung an die beim Bau der Katholischen Hofkirche tätigen italienischen Handwerker fort.

Theaterplatz 3
Tel. 03 51/49 81 60
www.italienisches-dörfchen.de
Tram 4, 8, 9 bis Theaterplatz

Das Italienisches Dörfchen genannte Bauwerk (1911–13) verkörpert ein Stück Dresdner Stadtgeschichte. Der Auftrag für die Katholische Hofkirche [Nr. 14] konnte natürlich nicht an einen der einheimischen protestantischen Baumeister vergeben werden. Der katholische **Kurfürst Friedrich August II.** von Sachsen, zugleich als August III. König von Polen, beauftragte deshalb den italienischen Architekten *Gaetano Chiaveri*, der neben zwei italienischen Bauführern weitere Landsleute als Handwerker mitbrachte. Sie alle siedelten sich direkt am Bauplatz an. Anfang des 20. Jh. sollte der Theaterplatz zur Elbe hin, wo einst die Wohnhäuser der Italiener standen, architektonisch geschlossen werden. Der Blick auf Oper und Gemäldegalerie sollte jedoch unbedingt erhalten bleiben. Diese städtebauliche Aufgabe hat Baurat **Hans Erlwein** mit dem flachen, sandsteinverkleideten

Im Biersaal der Gaststätte ›Italienisches Dörfchen‹ lohnt der Blick zur Decke. Beim Speisen unterhält die dekorationsfreudige Malerei mit ihren Porträtmedaillons

Bauwerk meisterhaft gelöst. Das Italienische Dörfchen passt sich mit seiner klassizistischen **Fassade** bestens in das Gesamtensemble des Theaterplatzes ein. Der plastische Schmuck des Giebels stammt von Georg Wrba. Mit der Zerstörung der Gaststätte im Jahr 1945 ging auch die heitere, von Dresdner Künstlern geschaffene **Innengestaltung** verloren. Bereits 1956/57 wieder aufgebaut, erhielt das Gebäude im Verlauf der 1994 beendeten Restaurierung die historische Ausmalung seiner Räume zurück. Vom Italienischen Dörfchen führt eine Freitreppe hinunter zur Elbuferstraße.

4 Altstädter Wache

Ein ionischer Tempel am Theaterplatz

Theaterplatz 2
Tram 4, 8, 11 bis Theaterplatz

Die der Oper gegenüber liegende **Altstädter Wache** (1830–32) besitzt große Ähnlichkeit mit der Neuen Wache in Berlin. Kein Wunder, denn *Karl Friedrich Schinkel*, Preußens großer Baumeister des Klassizismus, hat beide entworfen. In Dresden und in Berlin lehnte er sich an antike Architekturformen an. Während Schinkel in Berlin aber die blockhafte Form eines römischen Kastells mit dorischen Säulen wählte, entschied er sich in Dresden für den Typus des ionischen Tempels mit einem *Portikus* von sechs Säulen und zurückhaltend geschmückten Giebelfeldern. Die *Saxonia* in dem dem Schloss zugewandten Giebel gestaltete Joseph Hermann, den *Mars* an der Theaterseite schuf Franz Pettrich. Das Sandsteinbauwerk wird in Verehrung seines Schöpfers meist *Schinkelwache* genannt. Mittlerweile sind hier die Tageskasse der Semperoper, das Café Schinkelwache sowie die Tourist Information untergebracht.

5 Zwinger

TOP TIPP

Eines der berühmtesten Bauwerke Europas mit prächtiger Festarchitektur.

Zwischen Ostra-Allee, Sophienstraße und Theaterplatz, Zugang über Glockenspielpavillon, Kronentor oder durch die Gemäldegalerie
Tram 1, 2, 4, 8, 9, 10, 11, 12 und Bus 75, 94 bis Postplatz

Der Zwinger ist ein Meisterstück deutscher Barockarchitektur. ›Römische Schauburg‹ nannte der Baumeister **Matthäus**

Daniel Pöppelmann sein prachtvolles Werk. Die verschwenderische Fülle plastischen Schmucks schuf **Balthasar Permoser**. Permoser war seit 1689 als Hofbildhauer von Kurfüst Johann Georg III. in Dresden tätig und hatte zuvor – besonders in Florenz – schon Zauberhaftes geschaffen.

Den Startschuss zum Bau des Zwingers gab August der Starke 1709. Er beauftragte Pöppelmann mit der Errichtung einer Orangerie für seine stetig wachsende Sammlung südländischer Pflanzen. Als Standort wählte man den Turnierplatz vor dem Schloss, der sich damals noch zwischen der inneren und der äußeren Stadtmauer befand. Dieser Lage verdankt der Bau auch seinen martialischen Namen, da man dort gelegene Wehranlagen als *Zwinger* bezeichnete.

Der Verteidigung diente der Neubau jedoch nie, vielmehr feierten August und seine Nachfolger hier rauschende Feste. Das pompöseste wurde 1719 anlässlich der Hochzeit des Kurprinzen Friedrich August mit der Kaisertochter Maria Josepha gegeben – es dauerte vier Wochen. Musiziert wurde damals schon, und auch heute noch gehört im Sommer ein abendliches *Serenadenkonzert* (Tickets unter www.dresden-theater.de) im Zwingerhof zu den schönsten Gesamtkunst-Erlebnissen in Dresden.

Permosers Pan – der Hofbildhauer schuf diesen fröhlichen Hirtengott am Wallpavillon des Zwingers

Im 116 x 204 m großen **Zwingerhof** bietet sich dem Besucher ein Anblick von wunderbarer Geschlossenheit. Die von Pöppelmann geplanten, jedoch erst zu Beginn des 20. Jh. realisierten Brunnen in der Mitte des Hofes bilden ein ebenso symmetrisches Ensemble wie die sie umgebenden, im Stil des Barock gestalteten Rasenflächen. Gerahmt wird dieser Hof

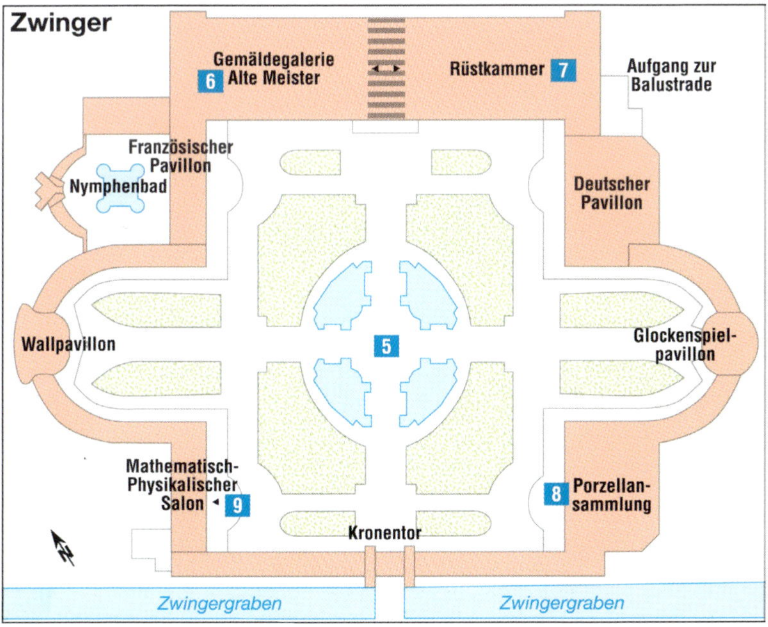

von den verschiedenen Baukörpern des Zwingers, deren jedes schöner als das andere ist.

Den baugeschichtlichen Auftakt machten die **Bogengalerien** von 1710–12 auf der Nordseite. Bis 1716 wurden der **Französische Pavillon** auf der rechten und die Galerie des **Mathematisch-Physikalischen Salons** [Nr. 9] (bis 2009 geschl.) auf der linken Seite der Bogengalerie angefügt. Schon 1711 legte man außerdem den Grundstein für das **Nymphenbad**, ein märchenhaft barockes Wasserkunstwerk hinter dem Französischen Pavillon. In der Bogengalerie ist bis zum Abschluss der Sanierung des Albertinums ein Teil der **Skulpturensammlung** [Nr. 24] untergebracht.

1718 entstand schließlich der architektonische Höhepunkt dieser Baugruppe, der wegen seiner Heiterkeit und Leichtigkeit als Star der Anlage gepriesene **Wallpavillon**. Pöppelmann gelang mit ihm ein Spitzenwerk europäischer Barockarchitektur. Die Bekrönung des Wallpavillons bildet der üppige Figurenschmuck Permosers mit dem *Herkules*, der die Weltkugel trägt. Die Figur sollte, wie Pöppelmann erklärte, eine Reverenz an August den Starken sein.

Auf der *Südseite* erfolgte 1718/19 die spiegelgleiche Wiederholung dieses Architekturkomplexes. Auf den **Deutschen Pavillon** folgt dort der **Glockenspielpavillon**. Das Glockenspiel aus Meissener Porzellan, das schon Pöppelmann vorgesehen hatte, erhielt der Pavillon jedoch erst 1930. Alle 15 Minuten erklingt eine speziell für den Zwinger komponierte Stundenschlagmelodie. Um 10.15, 14.15 und 18.15 Uhr intoniert das Glockenspiel zudem je nach Jahreszeit ein anderes Stück. Die Vormittagsmusik stammt jeweils aus Vivaldis ›Vier Jahreszeiten‹. Im Winter schweigen die Glocken jedoch, da die computergesteuerte Mechanik Kälte und Eis nicht verträgt. Dem Bau des Mathematisch-Physikalischen Salons ent-

ständig in Sandstein ausgeführten Gebäude für Stilformen der Hochrenaissance. Dem Mittelrisalit gab er die Gestalt eines römischen Triumphbogens. Derzeit sind dort auch die **Rüstkammer** [Nr. 7] und, während der Renovierung des Albertinums, ein Teil der **Galerie Neue Meister** [Nr. 23] untergebracht.

Hinter dem Zwinger – von den ehemaligen Pferdeställen an der Straße Am Zwingerteich verdeckt – ist die 80 m lange **Reithalle** (1749/95) als Rest des Marstalls beachtenswert. Christian Traugott Weinlig erbaute sie im Stil des Klassizismus. Die *Fassade* zeigt im Giebel ein antikes Zweigespann aus Sandstein von Franz Pettrich. Auch die eingelassenen Felder über den Fenstern ziert Reliefschmuck von der Hand dieses Hofbildhauers und Professors an der Kunstaka-

Links: *Der Zwinger entfaltet als königlicher Festplatz mit Brunnenanlage seine kostbare barocke Anmut. Im Zentrum der Prachtarchitektur steht der majestätische und zugleich grazile Wallpavillon*
Unten: *Auch das Kronentor fasziniert dank eleganter und verspielter Bauformen*

spricht auf dieser Seite die Galerie mit der **Porzellansammlung** [Nr. 8]. Auf dieser Seite ist es sogar möglich, dem Zwinger ›zu Kopf zu steigen‹: Auf den **Zwinger-Balustraden** (Zugang am Deutschen Pavillon) kann man ein wenig lustwandeln und die Aussicht genießen.

Die Westseite des Zwingers begrenzen wiederum Galerien, in deren Mitte das **Kronentor** alle Aufmerksamkeit auf sich zieht. Die polnische Königswürde Augusts des Starken symbolisiert die vergoldete Krone als Spitze dieses prächtigen Eingangs, durch das man den Zwinger von der Ostra-Allee her kommend betritt. An diesem Bau zeigt sich das ganze übersteigerte Geltungsbedürfnis dieses prunksüchtigen Königs.

Gegenüber des Kronentores schließlich, zum Theaterplatz hin, schließt die **Gemäldegalerie Alte Meister** [Nr. 6], nach ihrem Architekten auch *Semperbau* genannt, den Zwinger seit 1855 ab. Gottfried Semper entschied sich bei dem voll-

demie. Die Reithalle brannte 1945 aus, 1952 war sie wieder hergestellt und dient heute als Theaterwerkstatt.

Gegenüber, an der Westseite der Ostra-Allee, befand sich die **Orangerie**, ein Bau von 1841 im Stil der Neorenaissance von Otto von Wolframsdorfs. Hier überwinterten damals die Orangenbäumchen des Zwingers. An das einst prachtvolle, 1945 zerstörte Gebäude erinnert einzig die ruinöse Giebelfassade mit den Nischenfiguren Pomona und Flora von Ernst Julius Hähnel.

Etwas weiter, auf der anderen Seite der Ostra-Allee, steht das **Haus der Presse** (1958–65) von Wolfgang Hänsch und Herbert Löschau, ein aus dreigeschossigem Druckereigebäude und 13 Stockwerke hohem Verlagshaus bestehender Komplex im DDR-Stil der 1960er-Jahre.

6 Gemäldegalerie Alte Meister

TOP TIPP

Eines der bedeutendsten Kunstmuseen der Welt – von Goethe als ›Heiligtum‹ bezeichnet – mit Raffaels ›Sixtinischer Madonna‹ als Star.

Staatl. Kunstsammlungen Dresden
Semperbau des Zwingers
Theaterplatz 1
Tel. 03 51/49 14 20 00
www.skd-dresden.de
Di–So 10–18 Uhr
Tram 4, 8, 9 bis Theaterplatz und
Bus 75, 94 bis Postplatz

Die Gemäldegalerie gehört zu den reichsten Sammlungen alter europäischer Malerei, sie bewahrt Schätze der Weltkultur. Schwerpunkte bilden italienische Malerei des 14. bis 18. Jh., Malerei des 17. Jh. aus Flandern und Holland sowie deutsche Malerei des 16. Jh. Außerdem sind Werke spanischer Künstler des 16. und 17. Jh. und französische Gemälde des 17. und 18. Jh. vertreten. Die überwiegende Zahl der Werke kam im 18. Jh. nach Dresden.

Geschichte Das Inventarverzeichnis der **Kurfürstlichen Kunstkammer**, die seit 1560 bestand, nennt im Jahr 1658 bereits 118 Gemälde. August der Starke brachte im Jahr 1699 mit *Giorgiones* ›Schlummernder Venus‹ (um 1508/10) eines der Meisterwerke in die Sammlung. **August der Starke** und sein Sohn **Friedrich August II.** waren es auch, die durch umfangreiche und bedeutende Erwerbungen die Gemäldesammlung zu internationalem Rang erhoben. 1722 wurde dann die Gemäldegalerie gegründet. Ihre erste Heimstatt fand sie 1747 im umgebauten Stallgebäude, dem heutigen Johanneum [Nr. 28]. Hier wurden in dichter Hängung 2200 Bilder ausgestellt. Erst 1854 erhielt die Sammlung mit dem von Gottfried Semper erbauten Galeriegebäude des Zwingers einen angemessenen Rahmen.

Der **Zweite Weltkrieg** bedeutete schmerzliche Verluste für die Gemäldegalerie. Beim Bombenangriff im Februar 1945 verbrannten 154 Gemälde auf einem Lastwagen am Terrassenufer sowie 42 Gemälde im ersten Obergeschoss des Residenzschlosses, darunter Werke von Anton Graff und Lucas Cranach d. Ä. Die Trophäenkommission der Roten Armee ließ nach Kriegsende die wertvollsten der in 45 Depots ausgelagerten Bilder nach Moskau und Kiew transportieren. Die SED-Propaganda stellte das nach der 1955 erfolgten Rückführung als ›Rettungsaktion‹ dar. Weil es durch die Kriegszerstörungen im Land zwischen Oder und Elbe keine sicheren Aufbewahrungsmöglichkeiten gegeben habe – so wurde es den DDR-Bürgern erzählt – habe die Sowjetunion trotz immenser Zerstörungen im eigenen Land die Kunstschätze verwahrt, gepflegt und restauriert. Nach der Wiederherstellung des Semperbaus konnte die Gemäldegalerie Alte Meister am 3. Juni 1956 wieder eröffnet werden. Allerdings sind nicht alle Gemälde damals nach Dresden zurückgekehrt. In der Ende Februar 1995 eröffneten spektakulären Moskauer Ausstellung ›Zweifach gerettet – Werke europäischer Malerei des 14. bis 19. Jahrhunderts‹ wurden auch Gemälde aus der Dresdner Gemäldegalerie gezeigt, die bislang als verschollen gegolten hatten. Sie waren in der Sowjetunion jahrzehntelang unter Verschluss gehalten worden.

Besichtigung Die Farben der Wände verraten, aus welchem Land die rund 700 Gemälde stammen: Die italienischen Werke prangen auf rotem Grund, die holländischen und flämischen auf grünem, die spanischen und französischen hängen in den grauen Sälen.

Die großen Meister der *italienischen Renaissance* sind mit berühmten Werken vertreten: **Tizians** großartiger ›Zinsgroschen‹ (1516) etwa, der mit 100 weiteren Gemälden 1746 wohlverpackt in Dresden eintraf. Dem hochverschuldeten *Herzog*

Die Details in Raffaels ›Sixtinischer Madonna‹ verzaubern: Berühmt sind die Engel am unteren Bildrand, und die Wolken im Bildhintergrund entpuppen sich ebenfalls als Engelsköpfe

Francesco III. von Modena hatte August III. die besten Stücke seiner Sammlung abkaufen können. Acht Jahre später kam dann jenes Bild nach Dresden, das als vollkommenstes Werk der europäischen Malerei galt und sofort Star der Dresdner Galerie wurde: Raffaels ›**Sixtinische Madonna**‹ (1512/13). Für dieses Meisterwerk, das bis dahin in der Klosterkirche San Sisto zu Piacenza gehangen hatte, musste der Kurfürst tief in die Taschen greifen: Es kostete ihn 60 000 Taler – einschließlich der Kosten für eine Kopie, die seitdem in San Sisto hängt. Zum Vergleich: Der berühmte Hofmaler Canaletto erhielt damals als Jahressalär 1750 Taler.

TOP TIPP

Auch von *flämischen* und *holländischen Malern* des 17. Jh. gibt es hier kostbare Meisterwerke zu bewundern: **Rembrandts** ›Selbstbildnis mit Saskia‹ (1635/39), das 1751 in Paris erworben werden konnte, und **Vermeer van Delfts** ›Bei der Kupplerin‹ (1656), das Galeriedirektor Johann Gottfried Riedel 1741 zusammen mit 267 weiteren Gemälden aus der Gräflich Wallensteinschen Sammlung in Dux kaufte. **Peter Paul Rubens'** ›Wildschweinjagd‹ (1615/20) konnte zusammen mit weiteren 68 Bildern im Jahr 1749 aus der kaiserlichen Galerie in Prag erworben werden.

Unter den Werken *deutscher Maler* sind besonders hervorzuheben: ›Bildnis des Bernhard von Reesen‹ (1521) und ›Sieben Schmerzen Mariä‹ (1495) von **Albrecht Dürer**, ›Bildnis des Charles de Soilier Sieur de Morette‹ (1534) von **Hans Holbein d. J.** und von **Lucas Cranach d. Ä.** der ›Katharinenaltar‹ (1506).

Ansichten des alten Dresden zeigen die Gemälde von Bernardo Bellotto, gen. **Canaletto**. Sie sind im Erdgeschoss in den Räumen 2 bis 4 und im ersten Obergeschoss im Raum 102 zu sehen. Der Venezianer Canaletto war 1746 nach Dresden gekommen. Elf Jahre später ging er nach Wien, kehrte aber 1761–66 nochmals nach Dresden zurück, um danach in St. Petersburg und Warschau zu arbeiten, wo er 1780 starb.

Für Eilige, denen bei einem ›Schnelldurchgang‹ Zeit zum Suchen fehlt, hier eine **Kurzübersicht**: Rembrandts ›Selbstbildnis mit Saskia‹ hängt im Raum 106, der ›Katharinenaltar‹ von Lucas Cranach d. Ä. im Raum 107, die ›Sixtinische Madonna‹ Raffaels im Raum 118, Giorgiones ›Schlummernde Venus‹ im Raum 118, Tizians ›Zinsgroschen‹ im Raum 121, Jean Étienne Liotards ›Schokoladenmädchen‹ (um 1744) im Raum 201.

7 Rüstkammer
Historisches Museum

TOP TIPP *Eine der umfangreichsten und bedeutendsten Prunkwaffensammlungen der Welt.*

Staatl. Kunstsammlungen Dresden
Semperbau des Zwingers
Theaterplatz
Tel. 03 51/49 14 20 00
www.skd-dresden.de
Di–So 10–18 Uhr
Tram 4, 8, 9 bis Theaterplatz und Bus 75, 94 bis Postplatz

Macht und Reichtum sollte der *Prunkharnisch für Mann und Ross* (1562–64) verkörpern, den Kurfürst Christian II. getragen hat. Eliseus Libaerts hat ihn für den schwedischen König Erik XIV. gefertigt, 1606 wurde er vom Dresdner Hof erworben. Der Harnisch ist das Glanzstück der Rüstkammer, die **Festgewänder** ebenso wie **Waffenschmuck** verwahrt. Insgesamt sind es 10 000 Meisterwerke europäischer Handwerkskunst.

Geschichte Die Rüstkammer ging aus dem privaten Kunstbesitz der sächsischen Herrscher hervor. Ihr genaues Gründungsjahr ist allerdings nicht bekannt. Im 16. Jh. war sie bereits so angewachsen, dass für ihre Unterbringung ein eigener Bau, das *Stallgebäude* errichtet wurde, in dessen Obergeschoss sie 1590 zog. Das Erdgeschoss war Pferden und Kutschen vorbehalten. August der Starke richtete später nach dem Vorbild des französischen Königs Ludwig XIV. eine *Gewehrgalerie* ein und ließ alle in den verschiedenen Schlössern aufbewahrten Gewehre zusammentragen. 1831 bekam die Sammlung den Namen **Königliches Historisches Museum**. Nach mehreren Umlagerungen, so 1832/33 in den Zwinger, siedelte das Museum 1876 erneut in das Stallgebäude um, das nun *Johanneum* [Nr. 28] hieß. 1945/46 schleppte die Sowjetarmee Waffen und Harnische als Kriegsbeute davon, gab sie jedoch Ende 1958 zurück.

Besichtigung Von der umfangreichen Sammlung werden 1300 künstlerisch und handwerklich hervorragende Objekte gezeigt. Besonders zahlreich sind **Pistolen** und **Gewehre** aus der Zeit vom 16. bis 19. Jh. vertreten, gefertigt von den namhaftesten Büchsenschmieden Europas. Mit etwa 2000 **Schwertern** verfügt das Museum über einen einzigartigen Besitz an Waffen dieses Typs. Besonders bemerkenswert ist das erste sächsische *Kurschwert* von 1425, mit dem Friedrich der Streitbare von Kaiser Sigismund mit der sächsischen Kurwürde belehnt wurde. Das Museum besitzt auch den *Felddegen* Zar Peters des Großen, das Kurschwert des Herzogs Moritz sowie den *Krönungsornat* von August dem Starken, den er 1697 anlässlich seiner Krönung zum König von Polen trug.

Besucher der Rüstkammer brauchen sich nicht zu fürchten, in diesen Rüstungen stecken längst keine Ritter mehr

8 Porzellansammlung

TOP TIPP *Eines der drei größten Porzellanmuseen der Welt.*

Staatl. Kunstsammlungen Dresden
Südwestpavillon des Zwingers
Sophienstraße 2
Tel. 03 51/49 14 20 00
www.skd-dresden.de
Di–So 10–18 Uhr
Tram 1, 2, 4, 8, 9, 10, 11, 12 und
Bus 75, 94 bis Postplatz

August der Starke wollte mit seiner Porzellansammlung Aufsehen erregen. Ein ›Porzellanschloss‹ schwebte ihm vor, das die sächsische Residenz zu *der* Kunststadt Europas machen sollte. Doch bevor das dafür vorgesehene **Japanische Palais** [Nr. 40] vollendet war, ereilte den Monarchen der Tod und das Porzellanschloss blieb ein Traum. Die Dresdner Porzellansammlung gehört neben der des chinesischen Kaiserpalastes in *Peking* und der des Serail-Museums in *Istanbul* zu den größten Keramik-Museen der Welt.

Geschichte August der Starke begann im Jahr 1710 Porzellan zu sammeln, neben Stücken aus seiner eigenen Meissener Manufaktur kaufte er auch historische Stücke aus Ostasien. Im Jahr 1717 kam die Sammlung ins Japanische Palais, 1876 wurde sie ins *Johanneum* verlegt. Die Sowjetunion gab 1958 die nach Kriegsende entwendeten Schätze zurück; seit 1962 sind sie im Zwinger zu bewundern.

Besichtigung Das Museum besitzt den größten Bestand **japanischen Porzellans** außerhalb Japans. Einige der schönsten Stücke stammen aus diesem Kulturkreis und sie können sich durchaus mit dem **chinesischen Porzellan** messen. Die meisten von ihnen tragen die sog. ›Johanneumsnummer‹ von 1721. Bereits in diesem ersten Inventarverzeichnis sind auf 884 Seiten mehr als 23 000 Porzellanobjekte registriert. Zu den Kostbarkeiten aus **Meissener Porzellan** gehören Arbeiten von *Johann Gregorius Höroldt*, dem großen Dekorgestalter des 18. Jh. in Euro-

Goldmacher Böttger

Im Jahr 1701 richtete Preußenkönig Friedrich I. ein Auslieferungsersuchen an August den Starken: Man möge den Apothekergehilfen **Johann Friedrich Böttger** (1682–1719), der sich nach Wittenberg davongemacht habe, nach Berlin zurückführen. Böttger hatte mit seinen Experimenten zur **Goldherstellung** die Aufmerksamkeit des Preußenkönigs erregt. August den Starken machte das Gesuch seines preußischen Kollegen hellhörig. Er ließ den Alchimisten gewaltsam nach Dresden bringen und setzte ihn nach einem misslungenen Fluchtversuch auf der **Festung Königstein** fest. Dort wurde Böttger Tag und Nacht beaufsichtigt. Seine Post wurde kontrolliert und die von ihm bewohnten Räume waren nachts verriegelt. Nur zweimal wöchentlich waren ihm in Begleitung zweier Offiziere kurze Spaziergänge auf dem Festungsgelände gestattet.

1701 begann – erneut unter strenger Aufsicht – die systematische Forschungsarbeit in einem Labor der **Jungfernbastei** in Dresden. August der Starke drohte Böttger bei einem Besuch dort: »Tu mir zurecht Böttger, sonst...!« Besessen experimentierte dieser weiter, bis er zusammen mit dem Mathematiker und Physiker Ehrenfried Walther Tschirnhaus (1651–1708) die Formel für ›Gold‹ notieren konnte. Aber nicht für das von August dem Starken erhoffte, sondern für das ›weiße Gold‹, das **Porzellan**.

1710 gab August der Starke in einem königlichen Dekret die große **Entdeckung** der Welt bekannt. 1713 wurde Porzellan aus Meißen, aus der ersten Porzellanmanufaktur Europas, auf der Leipziger Ostermesse verkauft. Erst ein Jahr später erhielt Böttger seine Freiheit zurück. Zuvor musste er jedoch seinem Monarchen schwören, das Produktionsgeheimnis zu wahren und im Land zu bleiben. 1719 starb Böttger im Alter von nur 37 Jahren.

Die Farbe Blau – Porzellan sammelte August der Starke seit 1710, die monumentalen Dragonervasen erwarb er 1717 vom preußischen König im Tausch gegen Soldaten

pa. Von *Johann Joachim Kändler*, dem Schöpfer meisterhafter Rokoko-Porzellanplastiken, sind u.a. die annähernd lebensgroße Figur des Apostels Petrus und ein Fischreiher zu sehen, den der Künstler nach seinen Aufzeichnungen so gestaltete, »wie er im Königl. Schlosshofe zu Dresden am Leben befindlich war«. In den Vitrinen der *Langgalerie* wird ein Überblick über die Produktion der Meissener Manufaktur von 1720 bis zum Ende des 18. Jh. gegeben. Ausgestellt sind auch jene 1 m hohen Deckelvasen mit blauer Unterglasurmalerei, die als ›*Dragonervasen*‹ in die Kunstgeschichte eingegangen sind. Sie gehörten zu den 151 Porzellanstücken, die August der Starke im Jahr 1717 von Preußenkönig Friedrich Wilhelm I. erworben hatte – bezahlt wurde mit Menschen, mit 600 sächsischen Dragonern.

Bei der Gestaltung der **Ostasien-Galerie** griff man auf einen Entwurf von 1735 zurück, der eigentlich für das von August dem Starken erträumte Porzellanschloss gedacht war. Nun kommt das auf vergoldeten Konsolen und prächtigen Tischen präsentierte ostasiatische Porzellan noch besser zur Geltung.

9 Mathematisch-Physikalischer Salon

Als wertvollste Sammlung ihrer Art gilt das aus der Kurfürstlichen Raritätenkammer hervorgegangene Museum der Instrumentenkunst.

Staatl. Kunstsammlungen Dresden
Nordwestpavillon des Zwingers
Tel. 03 51/49 14 20 00
www.skd-dresden.de
bis 2009 wg. Renovierung geschl.
Tram 1, 2, 4, 8, 9, 11, 12 und
Bus 75, 94 bis Postplatz

Viele wissenschaftliche Instrumente des Museums besitzen Seltenheitswert, nicht wenige von ihnen stammen aus der bereits 1560 gegründeten *Kurfürstlichen Kunst- und Raritätenkammer*. Neben den technischen Eigenschaften ist die hervorragende kunsthandwerkliche Ausführung der Geräte beachtenswert. Bereits 1730 wurde das Museum in jenem Pavillon (1714–16) des Zwingers untergebracht,

Reise zu den Sternen – Jenaer Himmelsglobus (1690) im Mathematisch-Physikalischen Salon

der dem berühmten Wallpavillon zeitlich vorausging. Ihren Namen erhielt die Sammlung im Jahr 1746.

Weltruf besitzt die **Uhrensammlung**, die einen Überblick über 500 Jahre Zeitmessung gibt. Zu ihren Raritäten zählt eine russische *Holztaschenuhr* (um 1850), bei der mit Ausnahme der Aufzugsfeder und Unruh alle Teile wie Zahnräder, Zeiger und Verschraubungen aus Birkenwurzelholz geschnitzt sind.

Die Sammlung von **Erd- und Himmelsgloben** (13.–19. Jh.) ist die größte in Deutschland. Als Glanzstück persisch-arabischer Instrumentenkunst gilt der 1279 in Damaskus geschaffene Himmelsglobus, der aus der Sternwarte Merágha stammt.

Wegen ihrer Geschlossenheit besitzen auch folgende Sammlungen internationale Bedeutung: geodätische Instrumente für Längen- und Winkelmessungen, artilleristische Instrumente, Thermometer und Barometer, Zeichenhilfsmittel, Längenmaße, Waagen und Wägestücke, astronomische Instrumente, Rechenhilfsmittel und Brillen.

10 Sächsischer Landtag

Einst SED-Kommandozentrale, heute Arbeitsstätte frei gewählter Parlamentarier.

Holländische Straße/Devrientstraße
Tram 10, 11 bis Am Zwingerteich

Im Jahr 1990 konnten die Sachsen nach rund vier Jahrzehnten wieder ein eigenes Parlament wählen. Doch die Parlamentarier wussten nicht so recht, wo sie sich versammeln sollten. Die Sitzungssäle im einstigen Landtagsgebäude, dem *Neuen Ständehaus* [Nr. 19] am Schlossplatz, waren während des Zweiten Weltkriegs zerstört worden, und die *Dreikönigskirche* [Nr. 43] war als Parlamentssitz nur vorübergehend geeignet. Also genehmigte man Geld, um die ehem. SED-Bezirksleitung durch einen schmucken Anbau mit Plenarsaal zu erweitern. Das Landtagsgebäude liegt außerhalb der Inneren Altstadt, ist aber vom Theaterplatz aus in wenigen Minuten erreichbar.

In dem niedrig gehaltenen Gebäudekomplex mit einem 36 m hohen **Turmhaus** (1928–31) als Haupteingang saßen einst das Landesfinanzamt (Vorläufer der Oberfinanzdirektion) und die Zollverwaltung. Von 1953 bis 1990 residierte hier neben der SED Bezirks- auch die Stadtleitung Dresden. Mehr als zwei Jahrzehnte hatte in dem Gebäude der noch zur Zeit der Wende amtierende DDR-Ministerpräsident Hans Modrow als 1. SED-Bezirkssekretär sein Büro.

Plenarsaal mit Aussicht – Elbbau des Sächsischen Landtags (1991–94)

Das Gebäude, im Stil der *Neuen Sachlichkeit* nach Entwürfen der Architekten Barthold und Tiede erbaut, steht auf Stahlbetonpfählen und über einer wasserdichten Stahlbetonwanne als Kellergeschoss. Anstelle des kriegszerstörten Elbflügels erhielt der Gebäudekomplex einen sich zum Fluss hin öffnenden, lichtdurchfluteten **Neubau** (1991–94) mit dem runden *Plenarsaal* als architektonischem Höhepunkt. Der Baugrund in unmittelbarer Elbnähe machte eine aufwendige Pfahlgründung erforderlich: 176 Bohrpfähle, die stärksten mit einem Durchmesser von 1,20 m tragen das Gebäude. Den Ausschreibungs-Wettbewerb um den Plenarsaal hatte der Dresdner Architekt Peter Kulka gewonnen.

Hinter dem Landtag, direkt am Elbufer, wurde der denkmalgeschützte monumentale *Erlweinspeicher* (1913) zum modernen **Maritim Hotel Dresden** (2006) umgebaut. Der 40 m hohe und 76 m lange Speicher verdankt seinen Namen seinem Architekten, dem Stadtbaurat Hans Erlwein. Gleich nebenan eröffnete 2004 das **Internationale Congress Center Dresden** (Ostra-Ufer 2, www.dresden-congress.de), ein eleganter Bau nach Entwürfen des Hannoveraner Architekturbüros Storch, Ehlers & Partner.

Die **Marienbrücke** (1847–52), Dresdens zweitältester Elbübergang (nach der Augustusbrücke, Nr. 15), ist eine Sandsteinkonstruktion mit Geländern aus Eisenkunstguss. Den Entwurf lieferte Johann Gottlieb Lohse. Als 1901 der Neustädter Bahnhof in Betrieb ging, wurde unmittelbar neben der Marienbrücke, über die bis dahin auch Züge gefahren waren, eine separate Eisenbahnbrücke nach Plänen von Hans Manfred Krüger gebaut.

11 Schauspielhaus

Das repräsentative Bauwerk war zur Bauzeit Europas modernste Bühne.

Theaterstr. 2
Tel. 0351/4913562
www.staatsschauspiel-dresden.de
Termine für Führungen im Monatsspielplan
Tram 1, 2, 4, 8, 9, 11, 12 und Bus 75, 94 bis Postplatz

Gelebter Bürgersinn hat eine lange Tradition in Dresden: Als 1909 die Planungen für ein Schauspielhaus begannen, kam mithilfe einer ›Theateranleihe‹ rasch die nötige Summe – über 1 Mio Reichsmark – für den Bau des neuen Theaters zusammen.

Finanziert von den Bürgern Dresdens und stets offen für Neues: Das Schauspielhaus

Probleme bereitete zunächst die Lage des Bauplatzes in unmittelbarer Nachbarschaft zu Zwinger und Postplatz. Die Architekten *William Lossow* und *Max Hans Kühne* hatten nur eine kleine Fläche zur Verfügung und mussten daher in die Höhe bauen. Um die architektonische Wirkung des Zwingers nicht zu beeinträchtigen, wählten sie neobarocke Stilelemente und verbanden diese mit Jugendstilformen. Der **Zuschauerraum**, dessen Decke ein riesiger Kronleuchter ziert, ist von beeindruckender Schönheit. Auch hier prägen Jugendstilformen das Erscheinungsbild. Die zwei Ränge über dem Parkett zieren Muscheldekorationen, die Decke ist reich stuckiert. Bei der Einweihung 1913 war das repräsentative Gebäude Europas **modernste Sprechbühne**.

Den Geist des Hauses sollte das Goethe-Wort ›Ältestes bewahrt mit Treue – freundlich aufgefasstes Neue‹ an der Fassade verdeutlichen: Nicht nur Klassiker wurden gespielt, auch die zu Beginn des 20. Jh. revolutionären Stücke der Expressionisten um Reinhard Göring (1887–1936) kamen zur Aufführung. 1945 schwer beschädigt, konnte das Schauspielhaus bereits 1948 wiedereröffnet werden.

Auch im 21. Jh. fühlt man sich der Tradition des Hauses verpflichtet, neben den einschlägigen Klassikern wie Nathan der Weise, Faust oder Woyzeck präsentiert man regelmäßig Werke zeitgenössischer Autoren.

Der **Postplatz**, an den das Schauspielhaus grenzt, war nach 1900 einer der verkehrsreichsten Plätze Dresdens, 1945 wurden alle angrenzenden Gebäude zerstört, bis 2010 sollen aber die meisten seither bestehenden Baulücken geschlossen sein. An der Herta-Lindner-Straße, die von der Ostra-Allee abgeht, steht Dresdens älteste Wasserfontäne, der schon 1461 erwähnte **Queckbrunnen**. Im Mittelalter, so wird erzählt, sollen kinderlose Frauen sein Wasser getrunken haben, um fruchtbar zu werden. Tatsächlich steht auf dem Brunnendach ein vermutlich 1735 angebrachter Storch mit Wickelkind im Schnabel. Dem Brunnen gegenüber, an der Ecke zur Theaterstraße, erstreckt sich das **Stadthaus** (1922/23) von Ludwig Wirth, dessen klare Gliederung dem sachlichen Stil des Bauhauses entspricht. Es war das einzige größere Bauprojekt, das in Dresden während der Inflationsjahre entstand.

Kurfürstliches Wohnen kann im wieder errichteten Taschenbergpalais geprobt werden, das August der Starke 1705 für Reichsgräfin von Cosel errichten ließ. Seit 1995 ist es Luxushotel

12 Taschenbergpalais

Nobelherberge im einstigen Domizil der legendären Reichsgräfin von Cosel.

Am Taschenberg
www.kempinski-dresden.de
Tram 1, 2, 4, 8, 9, 10. 11, 12 und
Bus 75, 94 bis Postplatz

So schön wie gegenwärtig war das Taschenbergpalais wohl noch nie. Manches, was **Matthäus Daniel Pöppelmann** im 18. Jh. vorgesehen hatte, so das hohe Mansarddach, war aus Geldmangel zunächst nicht verwirklicht worden. Fast fünf Jahrzehnte nach der Zerstörung im Zweiten Weltkrieg holte man die Pläne des genialen Baumeisters hervor und setzte sie in die Realität um. 1995 war die Rekonstruktion vollendet.

Eine schickere Adresse für sein Hotel, unmittelbar neben Zwinger und Residenzschlosss, konnte sich das Unternehmen **Kempinski** [s. S. 135] wahrlich nicht auswählen. Wer sich wie einst der Kronprinz betten möchte: Die nach ihm benannte 340 m^2 große *Suite* bietet den größten Luxus, der Preis pro Nacht beträgt etwa 2000 Euro! Wer nicht so viel ausgeben, das Hotel aber dennoch besuchen will, der sollte eines der Restaurants in seinem Inneren beehren.

Geschichte Um 1705 erteilte August der Starke den Befehl, für seine Mätresse, die **Reichsgräfin von Cosel**, ein Palais zu errichten. Weit wollte es der Kurfürst vom Schloss zu seiner Geliebten nicht haben und so entstand das barocke Schmuckstück nur wenige Schritte von seinem Domizil entfernt. Wegen der ›orientalischen‹ Einrichtung hieß das Palais zur Zeit der Cosel *Türkisches Haus*. Seinen heutigen Namen verdankt es seiner Lage am – allerdings nicht eben hohen – Taschenberg. Nach der Verbannung der Cosel 1716 bezogen es in den 1750er-Jahren die Sächsischen Kurprinzen. Der Westflügel (1756) und der Ostflügel (1763) kamen während jener Jahre hinzu.

Besichtigung Der reich verzierte **Mittelbau** war das erste große Werk von Pöppelmann. Originalgetreu wieder hergestellt wurde nicht nur die barocke Fassade, sondern auch manches im **Inneren**, so z.B. die historische Säulenhalle und das Barocktreppenhaus mit der doppelläufigen Treppe sowie der große *Innenhof* mit den Statuen des Mars und der Minerva am Rückgebäude.

Man betritt das Palais, dessen Rekonstruktion und Einrichtung zum Hotel rund 100 Mio. Euro kostete, über den westlichen **Ehrenhof**. Die beiden Eckbrunnen von Gottfried Knöffler stellen hier eine Kostbarkeit dar.

Vor dem Westflügel steht der neogotische **Cholerabrunnen** (1843–46), aus dessen achteckigem Becken sich – wie

Fröhliches Spiel der Ornamente – im Großen Schlosshof wurde die Renaissancefassade mit Sgraffito-Malerei (1557) rekonstruiert

ein gotisches Sakramentshäuschen verziert – ein 18 m hoher Turm erhebt. *Freiherr Eugen von Gutschmid* stiftete den Brunnen aus Dankbarkeit dafür, dass Dresden von der um 1840 in Europa grassierenden Cholera verschont geblieben war. Sein Wunsch war es, dass die Anlage dem Nürnberger ›Schönen Brunnen‹ nachgebildet werden sollte. **Gottfried Semper** entsprach den Vorstellungen des Stifters. Der Brunnen kam 1927 vom Postplatz an seinen jetzigen Standort.

13 Residenzschloss

TOP TIPP *Die einstige Residenz der Wettiner avanciert dank des Grünen Gewölbes zu einem der bedeutendsten Kunsttempel Europas.*

Staatl. Kunstsammlungen Dresden
Residenzschloss (Eingang Sophienstraße, gegenüber Taschenbergpalais)
Tel. 03 51/49 14 20 00
www.skd-dresden.de
Tram 4, 8, 11 bis Theaterplatz und 1, 2, 4 bis Altmarkt

Namhafte Baumeister haben in sieben Jahrhunderten aus einer Burg das prachtvolle Residenzschloss gestaltet, dessen Gebäude sich um drei Höfe gruppieren. Insbesondere dank des legendären **Grünen Gewölbes** (s.u), dessen unschätzbar wertvolle Bestände im Westflügel des Residenzschlosses zu sehen sind, gehört es zu den bedeutendsten Attraktionen Dresdens.

Wegen seiner langen *Baugeschichte* vom 12. bis zum Ende des 19. Jh. ist das Residenzschloss das historisch vielfältigste und reichste Baudenkmal Sachsens. Im Zweiten Weltkrieg fast vollständig zerstört, begann die Rekonstruktion 1963-66 mit dem Wiederaufbau des **Georgenbaus**. Ursprünglich errichtet in den Jahren 1530 bis 1535, war er das erste Renaissancegebäude Dresdens. Der reiche plastische Schmuck stammt zum größten Teil von Christian Behrens, der auch das 4 m große *Reiterstandbild Herzog Georgs des Bärtigen* im oberen Teil der Fassadae schuf. Im 1. Stockwerk befanden sich seit dem 16. Jh. die fürstlichen Gemächer. Hier wohnte bis 1918 auch der letzte sächsische König Friedrich August III.

Da die Wiederherstellung seit den 1990er-Jahren mit den für die verschiedenen **Bauphasen** jeweils typischen Grundrissen und Fassadengestaltungen erfolgte, sieht das Schloss heute anders aus als unmittelbar vor seiner Zerstörung

1945. Beispielsweise zeigen sich die Fassaden und Giebel im **Großen Schlosshof** im Zustand von 1557. Die Gebäude um diesen Hof sowie die Sgraffito-Malerei an den Fassaden entstanden beim Umbau der spätmittelalterlichen Burg zu einer Vierflügelanlage mit Treppentürmen in den Hofecken in den Jahren 1548–56.

Die **Straßenfassaden** dagegen sind vom Neorenaissance-Aussehen geprägt, welches das Schloss bei der durchgreifenden Erneuerung anlässlich der 800-Jahr-Feier des Hauses Wettin 1889-1901 erhielt.

Während das Schloss äußerlich vollendet ist, wartet in seinem Inneren noch viel Arbeit auf die Architekten. Erst Stück für Stück sollen die fertiggestellten Prunkräume und Ausstellungssäle öffnen, als nächstes im Jahr 2009 die *Türkische Cammer*, die orientalische Waffen, Kleider und Zelte zeigen wird, die als Geschenke, als Beutestücke oder Ankäufe seit dem 17. Jh. nach Dresden gelangten. Frühestens im Jahr 2013 sollen dann auch die Schätze der Rüstkammer vom Zwinger in das Schloss umziehen.

Das Georgentor des Schlosses mit den Prunkgemächern Augusts des Starken

TOP TIPP

Grünes Gewölbe

Neues Grünes Gewölbe:
Mi–Mo 10–18 Uhr
Historisches Grünes Gewölbe:
Mi–Mo 10–19 Uhr
Im Historischen Grünen Gewölbe dürfen sich max. 100 Personen/Std. aufhalten. Der Zugang ist nur mit einer Zeitkarte möglich, die über den Vorverkauf (www.skd-dresden.de, Tel. 03 51/49 19 22 85) erhältlich ist. 25 % der Tageskarten werden ab 10 Uhr an der Tageskasse im Residenzschloss verkauft.

Die Hauptattraktion des Schlosses ist zweifellos das **Grüne Gewölbe**, das man, wie die Wechselausstellungen von Kupferstich- und Münzkabinett (s.u), über den Haupteingang an der Sophienstraße erreicht.

Überall glitzert und funkelt es, der Materialwert der Kunstwerke in der einstigen Schatzkammer der Wettiner ist unermesslich. Die seit 1572 belegte Bezeichnung *Grünes Gewölbe* geht auf den teilweise grün gestrichenen und gewölbten Tresorraum im Erdgeschoss des Residenzschlosses zurück, der hinter meterdicken Mauern den Schatz der Wettiner barg. 1723–29 gestaltete August der Starke die Schatzkammer zu einem Museum um, die Bestände kamen aus der Kunstkammer, den fürstlichen Privatgemächern, wurden angekauft oder von Hofkünstlern eigens geschaffen. Nach dem Tod Augusts des Starken gab es kaum Erweiterungen. Von 1727 bis 1942 blieb auch die barocke Anlage des Schatzkammer-Museums nahezu unverändert. Nach dem Zweiten Weltkrieg eigneten sich die Sowjets die Schätze des Grünen Gewölbes als Kriegsbeute an, nach der Rückkehr waren die schönsten Stücke im Albertinum zu sehen. 2004 kehrten sie wieder an ihre ursprüngliche Heimat zurück.

In zwei Ausstellungsbereichen ganz unterschiedlichen Charakters, dem *Neuen Grünen Gewölbe* im 1. Obergeschoss und dem *Historischen Grünen Gewölbe* im Erdgeschoss des Westflügels, sind die kostbaren Stücke zu bewundern.

Beeindruckend ist das Können der Kunsthandwerker, die Besten ihres Fachs sind mit Goldschmiede-, Elfenbein-, Bernstein- und Steinschnittarbeiten vertreten. Im **Neuen Grünen Gewölbe** wird der Prunk in Vitrinen präsentiert, darunter der Kabinettschrank, eine der kostbarsten Bernsteinarbeiten des Barocks. Er kam 1728 als Geschenk des Preußenkö-

Märchenwelt – Johann Melchior Dinglinger schuf diesen ›Hofstaat zu Delhi am Geburtstag des Großmoguls Aureng-Zeb‹ (1701–08), ein Schmuckwerk mit Tausenden von Edelsteinen

nigs Friedrich Wilhelm I. nach Dresden. Berühmt ist der *Kirschkern* (vor 1589), in den 180 Köpfe eingeschnitten sein sollen. Eine Lupe hilft den Besuchern beim Suchen. Wer beim besten Willen keine 180 Gesichter entdecken kann, dem sei zur Beruhigung gesagt, dass auch Experten in dem Wunderwerk der Schnitzkunst nur 113 Gesichter ausmachen konnten.

Eine kleine Märchenwelt schuf Johann Melchior Dinglinger, der Hofgoldschmied von August dem Starken, mit dem Tischaufsatz **›Hofstaat zu Delhi am Geburtstag des Großmoguls Aureng-Zeb‹**. 137 aus Gold gegossene und farbig emaillierte Figuren tummeln sich in dem Festumzug, der zeigt, wie es am Hofe des Großmoguls von Indien Ende des 17. Jh. zuging. Dinglingers Arbeit gilt heute als das Hauptwerk der europäischen Juwelierkunst des Barock. Sieben Jahre hat der Meister mit seinen Brüdern Georg Friedrich (Emailleur) und Georg Christoph (Juwelier) sowie 14 Gehilfen an dem Tischaufsatz gearbeitet – und das ganz ohne Auftrag, aus reiner Freude am Gestalten. Über 5000 Diamanten, Smaragde, Rubine und Perlen wurden verarbeitet. August dem Starken gefiel das 58 x 142 x 114 cm große Kunstwerk. Er erwarb es am 28. März 1709 zu Repräsentationszwecken für 58 485 Taler, das waren 8000 Taler mehr, als ihn der Rohbau seines Schlosses Moritzburg [Nr. 91] gekostet hatte. Als es ans Bezahlen ging, hatte der Monarch allerdings – wie so oft – Schwierigkeiten. Er einigte sich mit seinem Hofjuwelier, den Betrag in Raten abzuzahlen; den Rest mussten die Erben des 1731 verstorbenen Dinglinger eintreiben.

TOP TIPP

Im **Historischen Grünen Gewölbe** stehen die Kunstwerke nicht in Vitrinen, sondern frei auf den Konsolen der prachtvoll gestalteten Schauwände und auf Prunktischen. Alles wurde wieder so hergerichtet, wie es August der Starke bei seinem Tod 1733 hinterlassen hat. Betreten werden die rekonstruierten Räume durch eine Sicherheits- und Klimaschleuse, welche die Besucher von Staub befreit. Führungen erfolgen nicht, Beschriftungen sind nicht vorhanden, der Besucher erhält stattdessen einen Audioguide, der ihn durch die Schatzkammer geleitet. Einen der Höhepunkte bilden die *Juwelengarnituren* Augusts des Starken und seines Sohnes im Juwelenzimmer.

Kupferstichkabinett

Mi–Mo 10–18 Uhr, bei Ausstellungswechsel teils mehrere Wochen geschl.

Das Dresdner Kupferstichkabinett verfügt über etwa 500 000 Blätter, darunter Werke von Holbein, Rembrandt, C. D. Friedrich, Otto Dix und Arnulf Rainer. In wechselnden Ausstellungen bietet es im 2. Stock des Westflügels Einblicke in seine Schätze. Im Studiensaal dürfen auch Laien die Originale der Sammlung ganz genau unter die Lupe nehmen.

Münzkabinett
April–Nov. Mi–Mo 10–18 Uhr

Über den **Großen Schlosshof** erreicht man den markanten, 101 m hohe **Hausmannsturm**. *Wolf Caspar von Klenge* errichtete ihn 1674–76. Seine 30 m hohe und 21 t schwere Spitze mit einer Wetterfahne von 6 m Höhe setzte man im Oktober 1991 auf. Wer dessen 327 Stufen erklommen hat, wird mit einem fantastischen Rundblick belohnt. In seinem Inneren befindet sich das **Münzkabinett**, das zu den größten und bedeutendsten europäischen Sammlungen seiner Art gehört. Bereits während der Regierungszeit Herzog Georgs I. Anfang des 16. Jh. wurde der Grundstock für dieses Museum gelegt. Heute umfasst die Kollektion rund 300 000 Münzen, Medaillen, Papierscheine, Münz- und Medaillenstempel sowie Siegelabdrucke und Petschafte (Siegelstempel).

14 Kathedrale St. Trinitatis
ehem. Katholische Hofkirche

TOP TIPP *Sachsens größte Kirche gilt als letzte große Leistung des römischen Barock.*

Zwischen Theater- und Schlossplatz
Tel. 03 51/484 47 12
www.kathedrale-dresden.de
Mo/Di 9–18, Mi/Do 9–17, Fr 13–17, Sa 10–17, So 12–16 Uhr
Führungen mit Besichtigung der Gruft: Mo–Do 14, Fr/So 13, Sa 13, 14 Uhr
Tram 4, 8, 9 bis Theaterplatz

Der Tribut Augusts des Starken für die polnische Königskrone war hoch – nicht nur in finanzieller Hinsicht. Er forderte auch den Übertritt des Herrschers zum Katholizismus. August hatte den Glaubenswechsel 1697 allein vollzogen, Kurfürstin Christiane Eberhardine, die für den Kurfürsten nur eine Repräsentationsrolle spielte und meist auf ihrem Schloss in Pretzsch wohnte, weigerte sich hartnäckig zu konvertieren. Der Kurprinz schließlich wechselte 1712 – zunächst unter strenger Geheimhaltung – den Glauben. Der Bau einer repräsentativen Katholischen Hofkirche konnte nicht länger aufgeschoben werden. Zum Baumeister ernannte *Kurfürst Friedrich August II.*, der Sohn Augusts des Starken – als König von Polen hieß er August III. –, den römischen Architekten **Gaetano Chiaveri**, den er in Warschau kennen gelernt hatte. Chiaveri und seine beiden Bauführer sprachen kein Wort Deutsch und wollten es auch nicht lernen, sodass der Hof auch einen Dolmetscher bezahlen musste. Der Kurfürst-König wollte mit der Hofkirche ein Bauwerk schaffen, das »die Nachkommenschaft anstaunen sollte«. Und es ist ihm in der Tat gelungen. Besonders von der Augustusbrücke aus kann man die großartige Wirkung der Kirche genießen, die zu den repräsentativsten Bauwerken der Elbstadt gehört.

Geschichte Im Jahr 1739 wurde der Grundstein für das Gotteshaus gelegt. Als Chiaveri 1748 Dresden verließ, führte Sebastian Wetzel, dann Johann Christoph Knöffel und nach dessen Tod Julius Heinrich Schwarze den Bau weiter. 1754 war die Kirche fertig gestellt. Ihr Bau kostete das Dreifache der *Frauenkirche* [Nr. 27], dem 1743 vollendeten Meisterwerk protestantischer Baukunst. 1945 brannte die Hofkirche völlig aus, Gewölbe stürzten

Die Dresdner Kathedrale St. Trintatis mag in ihrer Feingliedrigkeit an eines der Schmuckkästchen im Grünen Gewölbe erinnern

ein, die Außenmauern waren teilweise stark beschädigt. 1980 erhob ein päpstliches Dekret die einstige Katholische Hofkirche zur **Kathedrale** des Bistums Dresden-Meißen. Die Bezeichnung Kathedrale hat sich nicht durchsetzen können – die Dresdner nennen sie immer noch *Hofkirche*.

Besichtigung Der monumentale Sakralbau aus Sandstein, bei dem Chiaveri alle Register seines Könnens zog, ist mit 4793 m^2 Grundfläche Sachsens größte Kirche und die letzte große Leistung des Barock römischer Prägung. Der annähernd 90 m hohe **Glockenturm** über dem Haupteingang gehört zu den elegantesten Wahrzeichen im Stadtbild Dresdens. Die spätbarock beruhigte **Fassade** des Langhauses wird belebt durch die 78 aus Sandstein geschlagenen, 3,50 m hohen Heiligenfiguren (1738–46) in den Wandnischen und auf den Balustraden. Sie sind das Werk Lorenzo Mattiellis.

Da der **Haupteingang [1]** geschlossen ist, gelangt man durch die **Seitenpforte [2]** ins Innere der Kathedrale. Die dreischiffige Basilika hat eine ungewöhnliche Raumaufteilung: Um das Mittelschiff hat Chiaveri einen 3,50 m breiten **Prozessions-Umgang [3]** gelegt, weil im evangelischen Dresden katholische Prozessionen nicht im Freien stattfinden konnten. Die **Logen [4]** beiderseits des Hauptaltars waren der königlichen Familie vorbehalten, zu erreichen waren sie vom Schloss durch einen brückenartigen neobarocken Verbindungsgang (1897). Die eher zurückhaltend ausgestattete Hofkirche birgt gleichwohl einige bedeutende Werke, so der **Hauptaltar [5]** mit dem über 9,30 m hohen und 4,20 m breiten Gemälde ›Christi Himmelfahrt‹ (1752–65), das *Anton Raphael Mengs* in Rom begonnen hatte und in Madrid vollendete. Den gewaltigen Rahmen fertigte Johann Joseph Deibel. Das 4,20 m hohe und fünf Zentner schwere Kruzifix (1756) und die sechs über 2 m hohen Silberleuchter (1752) auf dem Altar stammen vom Augsburger Joseph Ignaz Bauer; sie wurden aus den 1945 ausgeglühten Resten der Originale rekonstruiert. Die **Seitenaltäre [6]** (1750) stammen ebenfalls von Mengs. Zwischen Chor und rückwärtiger Sakristei liegt links die **Sakramentskapelle [7]** mit Balthasar Permosers Statue ›Christus an der Geißelsäule‹ (1718). Rechts öffnet sich die **Kreuzkapelle [8]** mit dem Altarblatt ›Kreuzigung Christi‹ (1753) von Charles Hutin. Im Mittelschiff zieht *Balthasar Permosers* prachtvolle holzgeschnitzte **Kanzel [9]** (1712–22) die Blicke auf sich. Zu den besonderen Kostbarkeiten gehört die **Silbermannorgel [10]** (1753), das letzte und schönste Werk des berühmtesten sächsischen Orgelbauers *Gottfried Johann Silbermann*. Unter der Orgel halten Permosers Figuren der hll. Ambrosius und Augustinus Wache. Die **Johann-Nepomuk-**

Kathedrale St. Trinitatis

1 Haupteingang
2 Seitenpforte
3 Prozessions-Umgang
4 Logen
5 Hauptaltar
6 Seitenaltäre
7 Sakramentskapelle
8 Kreuzkapelle
9 Kanzel
10 Silbermannorgel
11 Johann-Nepomuk Kapelle
12 Bennokapelle

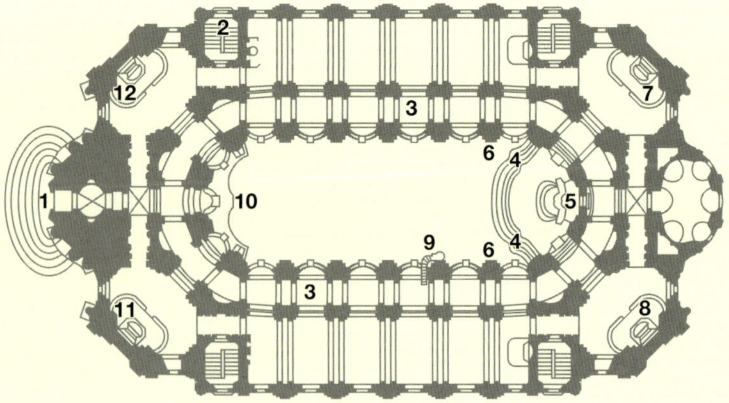

Edle Schönheit und göttlicher Klang der Silbermannorgel begeistern in St. Trinitatis

Kapelle [11] dient als Gedächtniskapelle für die Opfer des 13./14. Februar 1945. Die monumentale abstrakte ›Pietà‹ (1973) aus Meissener Porzellan gestaltete der Dresdner Friedrich Preß. Auf der anderen Seite des Haupteingangs liegt die **Bennokapelle [12]**, von deren ursprünglicher Ausstattung nur noch das Altarbild ›Predigt des hl. Benno‹ von Stefano Torelli (1752) erhalten ist. Verloren sind hingegen die Deckengemälde (1770) des großen Barockmalers Franz Anton Maulbertsch.

In der unter dem Chor gelegenen **Gruft** mit ihren über 5 m starken Mauern ruhen in 49 Sarkophagen die katholischen Kurfürsten und Könige aus dem Hause Wettin und ihre Angehörigen. Von *August dem Starken* wird hier nur das Herz aufbewahrt, sein Leib ist im Dom zu Krakau, in der Grablege der polnischen Könige, beigesetzt. Besonders prunkvoll ist der gewaltige Sarkophag des 1873 verstorbenen König Johann. Als letzter Wettiner wurde 1943 hier Kronprinz Georg von Sachsen beigesetzt.

Auf dem **Schlossplatz** vor dem Haupteingang der Kathedrale (in Richtung Schloss) trägt ein Pflasterstein den eingelassenen Buchstaben ›N‹. Er markiert angeblich jene Stelle, an der Kaiser Napoleon am 26. August 1813 den Vorbeimarsch seiner Truppen zur Schlacht bei Dresden abnahm.

15 Augustusbrücke

Dresdens berühmteste Brücke verbindet Alt- und Neustadt.

Tram 4, 8, 9 bis Theaterplatz oder Neustädter Markt

Der Chronist Iccander schrieb 1719 über die ›sieben Wunderwerke Dresdens‹ und eines von ihnen war seiner Meinung nach »die in ganz Europa jetzt berühmteste Elbbrücke«, womit er die Augustusbrücke meinte. Flussübergänge aus Stein waren im Europa des 18. Jh. noch eher eine Seltenheit und die Augustusbrücke kann sich rühmen, eine der *ältesten Steinbrücken* nördlich der Alpen zu sein – rein theoretisch. Für das Jahr 1287 ist zwar erstmals an dieser Stelle eine Steinbrücke über die Elbe bezeugt, doch worüber Dresdner und Besucher heute spazieren, das ist bereits der zweite Nachfolgebau.

Die mittelalterliche Brücke mit ihren 25 Pfeilern ließ August der Starke von Johann Gottfried Fehre 1727–31 nach Plänen von Matthäus Daniel Pöppelmann umbauen. Es entstand ein aus 17 Bogen und 18 Pfeilern bestehendes 402 m langes imposantes Bauwerk. Die Brücke, die das weltberühmte barocke Dresdner Stadtbild wesentlich mitbestimmte, wurde zu Beginn des 20. Jh. dem stark zunehmenden Schiffsverkehr zum Hindernis: Die Bogenöffnungen waren zu eng und häufig stießen bei hohem Wasserstand Schiffe gegen die Pfeiler. So errichteten Wilhelm Kreis und Hermann Klette 1907–10 eine Variante des Vorgängerbaus, die den modernen Erfordernissen entsprach.

Das neue Bauwerk ist 355 m lang und 17 m breit. Es entstand in *Stahlbetonbauweise* mit neun sandsteinverkleideten Bogen, deren weitest gespannter 39,30 m misst. Die halbkreisförmigen Nischen mit Sitzbänken stammen vom Vorgängerbau. Eines hat die heutige Brücke, die zu DDR-Zeiten den Namen des bulgarischen Kommunistenführers Georgi Dimitroff trug, mit ihren beiden Vorgängern gemein: den herrlichen Blick, der sich – je nach Standort – auf die Altstadt im Süden oder die Neustadt im Norden bietet.

Am mittleren Hauptpfeiler erinnert das einer Wellle ähnelnde und wie ein Scherenschnitt aufgefächterte Kunstwerk ›Die Woge‹ von Tobias Stengel an die Hochwasserkatastrophe im Jahr 2005.

16 Raddampferflotte

Die älteste und größte Raddampferflotte der Welt vermittelt das Fahrgefühl einer vergangenen Epoche.

Terrassenufer
Tel. 0351/86 60 90
www.saechsische-dampfschifffahrt.de
Tram 4, 8 , 9 bis Theaterplatz und 3, 7 bis Synagoge

Acht nostalgische Personen-Raddampfer legen am Terrassenufer unterhalb der Brühlschen Terrasse an und ab. Wie zur Zeit um 1900 reisen die Fahrgäste so elbaufwärts in die Sächsische Schweiz [Nr. 99] oder elbabwärts entlang der Sächsischen Weinstraße. Die Schiffe mit den roten Schaufelrädern im wappenverzierten Radkasten, den originalgetreuen Ruderhäusern und Schiffsglocken sind aus dem Stadtbild Dresdens auch heute nicht wegzudenken.

1836 bekamen zwölf Dresdner Kaufleute »das Privileg zur Dampfschifffahrt für fünf Jahre auf der Elbe im Königreich Sachsen«. Ein Jahr später fanden die ersten öffentlichen Fahrten von Dresden nach Rathen mit dem Personenraddampfer ›Königin Maria‹ statt. 1910 erhielten die Schiffe der Sächsisch-Böhmischen Dampfschifffahrts-Gesellschaft das Ufer unterhalb der Brühlschen Terrasse als ständigen Liegeplatz. Im Jahr 1911 besaß die Gesellschaft 33 Dampfschiffe und beschäftigte 535 Mitarbeiter. Nach der Übernahme durch die Treuhand ließ der neue Eigner die Raddampfer 1993/94 stilecht restaurieren.

In den Sommermonaten sind die Schiffe der Dresdner Flotte – darunter die acht Seitenraddampfer – oft erst in den späten Abendstunden am Terrassenufer vereint. Ein besonderes Bonbon für Nostalgie- Fans bietet der u. a. im Charterverkehr eingesetzte Museumsdampfer ›Diesbar‹. Der 1884 unter dem Namen ›Pillnitz‹ in Dienst gestellte Dampfer fuhr bis 1945 im Stadtzentrum als Fährschiff. Die 170 Passagiere fassende ›Diesbar‹ besitzt noch Kohlefeuerung und die älteste in Funktion befindliche Schiffs-Dampfmaschine, die durch eine Glasscheibe betrachtet werden kann. Ältestes Schiff der

Eine der ältesten Steinbrücken Europas, die 1287 erstmals errichtete Augustusbrücke, verbindet die gastlichen Elbauen mit dem altmeisterlich schönen Dresdner Stadtbild

Flotte ist der Personendampfer ›Stadt Wehlen‹, die 1879 in Dienst gestellt wurde. Es bietet 300 Personen Platz und kommt hauptsächlich auf der ›Stadtrundfahrt zu Wasser‹ zum Einsatz. Der Raddampfer ›Dresden‹ wurde 1926 als vorletzter Dampfer-Neubau der Sächsischen Dampfschifffahrt in Dienst gestellt. Der jüngste Dampfer der Flotte ist der nahezu baugleiche ›Leipzig‹ von 1929. Die beiden kann man bei der Schlösserfahrt nach Pillnitz oder einer schwungvollen Jazz- und Dixielandfahrt kennen lernen.

Die Motorschiffe ›Gräfin Cosel‹ und ›August der Starke‹ von 1994 ersetzten zwei Motorschiffe gleichen Namens, die verschrottet werden mussten. Sie können je 700 Passagiere an Bord nehmen und verkehren auf der Großen Elbtallinie nach Bad Schandau [s. S. 118] und zurück, ferner kommen sie bei der Sommernachtsfahrt mit Tanz und Buffet zum Einsatz [s. S. 133].

17 Brühlsche Terrasse

TOP TIPP *Ein Anziehungspunkt von einmaligem Reiz – auch Balkon Europas genannt.*

Altstädter Elbufer
Tram 4, 8, 9 bis Theaterplatz und 3, 7 bis Synagoge

Wer nicht auf der Brühlschen Terrasse mit ihren im Sommer Schatten spendenden Bäumen promenierte, kann kaum behaupten, in Dresden gewesen zu sein. Die rund 500 m lange und bis zu 200 m breite Anlage verbindet Stadtgeschichte mit berühmten Bauwerken, einzigartigem Bildschmuck und ideenreichen Denkmälern zu einem besonderen Erlebnis. Von der Terrasse reicht der Blick über die weiten Flussauen der Elbe zur Neustadt und bis zu den Loschwitzer Höhen.

Geschichte Kurfürst Friedrich August II. schenkte seinem Staatsminister *Heinrich Graf von Brühl* 1740 den östlich der Augustusbrücke gelegenen Teil der *Festungsanlage*, später kam die Jungfernbastei hinzu. Der Graf ließ auf dem Festungsplateau im Laufe von zwei Jahrzehnten ein Bauwerk nach dem anderen errichten und einen Garten anlegen. Die nach ihrem Besitzer benannte Brühlsche Terrasse sah zahlreiche rauschende Feste. Graf von Brühl war seinerzeit – als faktischer Lenker aller Regierungsgeschäfte – nicht nur der einflussreichste, sondern auch einer der wohlhabendsten Männer Sachsens. Das Nachlassverzeichnis bezifferte sein Vermögen (die Schulden in Höhe von 1,3 Mio. Taler abgezogen) auf 1,5 Mio. Taler. Das war damals eine beträchtliche Summe, der Bau der Frauenkirche – als Vergleich hierzu – kostete rund 290 000 Taler.

Lange Zeit war die Terrasse der adeligen Gesellschaft vorbehalten und nur von ihrer Rückseite her zugänglich, 1814 regte der russische Generalgouverneur für Sachsen, Fürst Repnin-Wolkonski, den Bau der großen Freitreppe an, mit der die Brühlsche Terrasse für die Öffentlichkeit freigegeben wurde. Zu seinem heutigen Aussehen als Balkon Europas formte sich das Plateau vor allem Ende des 19. Jh.

Besichtigung Vom Schlossplatz führt die **Freitreppe** (1863–68) zur Brühlschen

Schräge Aussicht – vom Hausmannsturm des Residenzschlosses geht der Blick zwischen Kathedrale und Georgentor hindurch zur Freitreppe der Brühlschen Terrasse am Ufer der Elbe

Terrasse hinauf. 41 Stufen müssen überwunden werden, bis man auf dem Balkon Europas steht. Den Aufgang schmücken die Statuengruppen der ›**Vier Tageszeiten**‹ (1868–71) von Johannes Schilling – oben links der Morgen, rechts der Mittag, unten links der Abend, rechts die Nacht. Auf der Wiener Kunstausstellung 1869 erhielt der Akademieprofessor Schilling für sein Werk den ersten Preis. Da die allegorischen Sandsteinskulpturen allmählich verwitterten, wurden sie 1908 mithilfe der vorhandenen Gipsmodelle durch Bronzeabgüsse ersetzt. Die Originale kamen nach Chemnitz, dort schmücken sie noch heute den Park am Schlossteich.

Wo sich der silhouettenprägende Bau des **Neuen Ständehauses** [Nr. 19] erhebt, stand einst das Barockpalais des Grafen von Brühl. Dessen umfangreiche Gemäldesammlung kaufte 1768 Zarin Katharina II. von Russland. Heute können die Bilder in der Eremitage von St. Petersburg bewundert werden. Die 62 000 Bücher des Grafen von Brühl übernahm die Kurfürstliche Bibliothek, die heutige **Sächsische Landesbibliothek** [Nr. 56]. Das große **Brunnenbecken** vor dem Ständehaus, bereits auf einem Kupferstich von 1761 zu sehen, wurde 1989 unter einer Erdüberdeckung wieder hervorgeholt.

Vor der benachbarten **Sekundogenitur** [Nr. 20], die anstelle der Brühlschen Bibliothek errichtet wurde, steht das von Johannes Schilling geschaffene und seinem Lehrmeister und väterlichen Freund gewidmete **Ernst-Rietschel-Denkmal** (1876), das den Dresdnern fast abhanden gekommen wäre. Die Nationalsozialisten hatten die überlebensgroße Bronzebüste des Bildhauers, dem wir das Weimarer Goethe-Schiller-Denkmal verdanken, 1941 demontiert, um sie für Kriegszwecke einzuschmelzen. Glückliche Umstände verhinderten dies und so konnte die Büste 1946 wieder aufgestellt werden. Und zwar an jener Stelle, an der sich einst der Brühlsche Gartenpavillon befand und wo Ernst Rietschel, der Dresdens Bildhauerei wieder zu Bedeutung verhalf, eine Zeit lang seine Werkstatt hatte.

Vor der Treppe, die zwischen Sekundogenitur und **Hochschule für Bildende Künste Dresden** [Nr. 21] zur Münzgasse führt, befindet sich die **Sieben-Bastionen-Plastik** (1990) von Vincenz Wanitschke. Sie erinnert an die sieben Bastionen der Stadtbefestigung, die auf Geheiß Augusts des Starken 1721 nach der Sonne und sechs ihrer Planeten benannt wurden. Die Fußbodenplatten tragen originelle Charakterisierungen jener Götter, nach denen die Planeten benannt sind. An der Treppe, die zwischen Hochschule und **Albertinum** [Nr. 22] zum Georg-Treu-Platz führt, steht das **Bronzestandbild Gottfried Sempers** (1892) von Johannes Schilling. Stadtverwaltung und Königshof verweigerten die Finanzierung dieses Denkmals, wurde doch Semper wegen seiner Teilnahme am Maiaufstand im Revolutionsjahr 1849 von der sächsischen Polizei 15 Jahre lang steckbrieflich gesucht. Dass es dennoch entstand, ist einer Stiftung des Verbandes Deutscher Architekten und Ingenieure zu verdanken.

Venus- oder Jungfernbastei hieß der östlichste Teil der Stadtbefestigung, auf dem der *Brühlsche Garten* angelegt wurde. An seiner westlichsten Spitze plätschert der noch aus der Zeit des Grafen Brühl stammende **Delphinbrunnen** (1747–49) von Pierre Coudray. Die zwei **Sphinxfiguren** (um 1750) von Gottfried Knöffler blieben vom Belvedere übrig, das an dieser Stelle bis zu seiner Zerstörung im Zweiten Weltkrieg stand. Als Restaurant und Konzerthaus war es lange Zeit der gesellschaftliche Anziehungspunkt auf dem Balkon Europas. Der Bau eines neuen Belvedere – es wäre das fünfte an diesem Standort – ist geplant. Das **Caspar-David-Friedrich-Denkmal** (1989/90) von Wolf-Eike Kuntsche, eine eigenwillige, 3 m hohe Metallplastik, ist dem bedeutenden Maler der Romantik gewidmet, der von 1798 bis

Hommage an den großen Romantiker – Denkmal für Caspar David Friedrich im Garten der Brühlschen Terrasse

Zu jeder Jahreszeit schön – Blick vom Brühlschen Garten auf die Hochschule für Bildende Künste Dresden und die Brühlsche Terrasse mit dem Turm der Kathedrale im Hintergrund

zu seinem Tode 1840 in Dresden lebte und dessen bekannteste Bilder sich im Besitz der Staatlichen Kunstsammlungen Dresden befinden. Kuntsche zeigt nicht den Maler selbst. Vielmehr hat er in poliertem Edelstahl dessen schlichtes Atelier gestaltet, wie es Georg Friedrich Kersting in seinem Bild von 1819 (Berlin, Alte Nationalgalerie) überliefert hat. Wer den Brühlschen Garten am Eisengeländer entlang umwandert, wird eine seltsame markierte Vertiefung im Metall entdecken: den **Daumenabdruck von August dem Starken**. Der Kurfürst, dem bekanntlich übermenschliche Kräfte nachgesagt wurden, soll zwischen »einem Bilderkauf, zwei Staatsakten und drei Liebesspielen« seine Kräfte an diesem Geländer erprobt haben. Die amüsante Geschichte erweist sich schnell als Legende: Das schlichte Geländer um die Jungfernbastei wurde nicht vor Ende 1747 angebracht – damals war August der Starke schon über zehn Jahre tot.

Die **Böttger-Gedenkstele** von Peter Makolies steht seit dem Jahr 1982, dem 300. Geburtstag von Johann Friedrich Böttger, im Brühlschen Garten. Das Porträtrelief besteht selbstverständlich aus Meissener Porzellan. In den Gewölben unterhalb des Brühlschen Gartens hat Böttger zusammen mit Tschirnhaus die Formel für das europäische Porzellan entwickelt [s. S. 31]. Der Zeitpunkt der Erfindung ist jedoch umstritten, 1707 wird ebenso genannt wie 1709. Unumstritten dagegen ist die Tatsache, dass die Brühlsche Terrasse die Wiege der Meissener und damit auch aller anderen europäischen Porzellan-Manufakturen ist.

An der Nordostecke der Jungfernbastei befindet sich unterhalb des Vorsprungs Dresdens ältestes Denkmal, das **Moritzmonument** (um 1553) von Hans Walther II. 1895 kam es an seinen heutigen Platz. Kurfürst August ließ es für seinen Bruder Moritz errichten, jene schillernde Persönlichkeit, die der albertinischen Linie der Wettiner 1547 zur Kurwürde verholfen hatte und sechs Jahre danach gefallen war. Das Denkmal zeigt unter einem dorischen Säulenbau Kurfürst Moritz, wie er seinem Bruder August das Kurschwert überreicht, beiderseits sind die Gemahlinnen Agnes von Hessen (links im Trauerkleid) und Anna (aus dem dänisch-norwegischen Königshaus) dargestellt. Am Ende der Terrasse, dem Albertinum gegenüber, liegt die **ehem. Hofgärtnerei** (um 1750), die heute der Reformierten Kirche als Alten- und Gemeindehaus dient. In der Nähe befindet sich der Eingang zum **Bärenzwinger**, in dem allerdings nie Bären gehalten wurden. Der Innenraum mit seinem Tonnengewölbe diente militärischen Zwecken, seit 1968 ist es Dresdens bekanntester Studentenklub [s. S. 132].

Die von Gottfried Semper am Ausgang des Brühlschen Gartens errichtete **Synagoge** (1838–40) zerstörten die Nationalsozialisten 1938. An ihrer Stelle wurde am 9. November 2001 eine neue Synagoge in Form eines sich nach oben windenden Würfels geweiht. Viele Dresdner konnten sich mit der Gestalt des Bauwerks bis heute nicht anfreunden, doch die Fachwelt sieht das anders: Die Architekten wurde noch im gleichen Jahr von einer internationalen Jury mit dem ›World Architecture Award‹ ausgezeichnet.

18 Festung Dresden
Kasematten

Die Reste der Befestigungsanlagen Dresdens liegen unter der Brühlschen Terrasse.

Georg-Treu-Platz, Eingang links neben der Treppe zur Brühlschen Terrasse
Tel. 03 51/491 47 86
www.schloesser-dresden.de
April–Okt. tgl. 10–18 Uhr, sonst tgl. 10–17 Uhr, vom Mo der 2. Kalenderwoche bis Fr der 3. Kalenderwoche des Jahres geschl.
Tram 3, 6, 7 bis Synagoge

Kalt und feucht ist es in den Gewölben unterhalb der Brühlschen Terrasse, wo ein interessantes Stück Dresdner Geschichte besichtigt werden kann: die gut erhaltenen Teile der alten Renaissance-Festung. Sie sind auch als Kasematten bekannt.

Geschichte 1589–92 wurde die Stadtbefestigung erweitert: Das Ziegeltor wurde aufgelassen und überbaut, davor eine große Bastion errichtet, an der zwei Jahre lang bis zu 700 Menschen arbeiteten. Sie bekam den Namen Jungfernbastion, ab 1721 hieß sie Venusbastion. Graf Brühl ließ nach 1748/49 die Höfe zuschütten und die Oberfläche der Bastion zu einer Gartenanlage umgestalten. Nach 1808 erfolgte die Demontage der Dresdner Festungsanlagen, nur die an der Elbfront blieben erhalten. Ziegeltor und Kasemat-

Im Dunkel der Kasematten – Teile der Dresdner Festungsanlagen sind unter der Brühlschen Terrasse erhalten geblieben

ten dienten bis in die 60er-Jahre des 20. Jh. als Kühllager. 1965 begannen interessierte Dresdner, die Kasematten zu erforschen, doch 1968 untersagten die Behörden diese Initiativen. Ab 1990 legten Mitglieder des ein Jahr später gegründeten ›Dresdner Vereins Brühlsche Terrasse‹ dann große Teile der unterirdischen Anlage frei.

Besichtigung Das **Ziegeltor** ist als einziges Stadttor Dresdens erhalten geblieben. Es war als Tunnelanlage in den Erdwall gebaut, der die Stadt umgab. An der Landseite der Wagendurchfahrt sind noch Reste der eisernen Angeln zu erkennen, an denen vor Jahrhunderten die hölzernen Torflügel angebracht waren. Die ›Schlupfpforten‹ beiderseits waren für die Fußgänger bestimmt. In der **Kleinen Bastion** westlich des Ziegeltores hatte Ende des 16. Jh. Gießermeister Hilger seine Werkstatt. Der Weg in den großen Hof der Kleinen Bastion führt durch ein Tor, in das Hochwassermarken aus drei Jahrhunderten eingeritzt sind. In den drei sich in Richtung Elbe erstreckenden 40 m langen und 8 m breiten **Kasematten**, die Baumeister Paul Buchner d. Ä. schuf, wurden Waffen und anderes Kriegsgerät aufbewahrt.

19 Neues Ständehaus
Oberlandesgericht Dresden

Einst Tagungsstätte des Sächsischen Landtags, heute Sitz des Oberlandesgerichts.

Schlossplatz 1
Tram 4, 8, 11 bis Theaterplatz

Die einstige Tagungsstätte für das Sächsische Parlament entwarf Paul Wallot, der Architekt des Berliner Reichstags. Schon seit den 1840er-Jahren hatten die Parlamentarier die beengten Verhältnisse im Alten Ständehaus [Nr. 31] beklagt. Nach langen Verhandlungen entschied man 1896, das Brühlsche Palais, das der Witwe von König Johann als Wohnsitz diente, sowie das Palais Fürstenberg nebenan abzureißen, um Platz für das *Neue Ständehaus* (1900–06) zu schaffen. Bis zur Auflösung des Sächsischen Landtages durch die Nazis 1934 tagte hier der Landtag.

Den Vierflügelbau um einen großen Innenhof prägt der 50 m hohe mächtige Turm zur Elbseite hin, den eine vergoldete ›Saxonia‹ (1905), die Personifikation des Landes Sachsen, von Johannes Schilling bekrönt. Um das Gebäude der Umgebung anzupassen, wählte Wallot den Stil der Neorenaissance. Den Skulpturenschmuck über dem Hauptportal am Schlossplatz schuf Hans Rudolf Hartmann-MacLean, das große Wappen am Giebel ist ein Werk von August Hudler und Karl Groß.

Im Februar 1945 brannte das Ständehaus bis auf wenige Räume im Nord- und Ostflügel aus, die beiden Plenarsäle wurden total zerstört. Als am 27. Oktober 1990 das erste frei gewählte Parlaments Sachsens nach der Wiedervereinigung erstmals zusammentrat, war bereits klar, dass sich das Neue Ständehaus nicht mehr für parlamentarische Arbeit eignete. So nahmen die Abgeordneten das Landtagsgebäude nur symbolisch wieder in Besitz, als sie sich auf dem Weg zur Dreikönigskirche, wo die erste Sitzung stattfand, im großen Foyer versammelten.

Das Ständehaus wurde 1996–2001 zum Oberlandesgericht umgebaut. Bemerkenswert ist der anstelle des zerstörten großen Plenarsaals eingefügte Gerichtssaalkubus, eine Art Haus im Haus.

20 Sekundogenitur

Die alte Bibliothek des Grafen Brühl gehört heute zum Hotel Dresden Hilton.

Brühlsche Terrasse
www.hilton.de/dresden
Tram 4, 8 , 9 bis Theaterplatz

Die Sekundogenitur wurde durch eine Verbindungsbrücke in den Gebäudekomplex des **Dresden Hilton** [s. S. 134] einbezogen. Das Hotel nutzt das Gebäude als stilvolles *Café* und *Weinrestaurant*. Der lateinische Name stammt aus den Jahren, als das Haus dem zweitgeborenen Prinzen gehörte, der in ihm seine Bibliothek und Sammlungen aufbewahrte. Die Sekundogenitur ersetzte die von Johann Christoph Knöffel errichtete Bibliothek des Grafen Brühl, in die 1791 für mehr als 100 Jahre die Königliche Kunstakademie gezogen war. Den Neubau von 1896 leitete Hofbaumeister Gustav Fröhlich. 1931–45 diente sie als Bildergalerie. Nach den Kriegsschäden wurde sie 1963/64 als Gaststätte wieder aufgebaut.

Einst Bibliothek, jetzt Café und Weinrestaurant – die Sekundogenitur mit ihrem schönen Barockportal

Die Sekundogenitur gilt als der gelungenste neobarocke Kleinbau Dresdens. Mit ihrem geschweiften kupfergedeckten Mansarddach, den rankengeschmückten Fenstern, dem geschwungenen Giebel des Eingangsbereichs und dem von ionischen Säulen eingefassten Portal strahlt sie Heiterkeit aus und hebt sich von den anderen monumentalen Gebäuden der Umgebung wohltuend ab. Fröhlich schuf ein Bauwerk, das die große Zeit der Brühlschen Terrasse im 18. Jh. widerzuspiegeln scheint.

Das schöne *Barockportal* an der Rückseite (Terrassengasse) wurde beim Wiederaufbau der 1960er-Jahre eingefügt. Es schmückte einst die nach dem Zweiten Weltkrieg abgetragene Gaststätte ›Zum letzten Heller‹ im Stadtteil Hellerau.

21 Hochschule für Bildende Künste Dresden

Ein pompöser Bau des Historismus mit der ›Zitronenpresse‹ und reichem Bildschmuck.

Brühlsche Terrasse
www.hfbk-dresden.de
Tram 3, 7 bis Synagoge

Die üppigsten Formen und die größte Monumentalität aller Dresdner Profanbauten des ausgehenden 19. Jh. weisen die **ehem. Königliche Kunstakademie** (1891–94), heute Hochschule für Bildende Künste Dresden , und das mit ihr verbundene Ausstellungsgebäude auf, das der *Sächsische Kunstverein* für Veranstaltungen gemietet hatte. Übersteigerter Repräsentationswille und überhöhtes Selbstbewusstsein scheinen in diesen Gebäuden zum Ausdruck zu kommen – Züge, die vielen Bauten im deutschen Kaiserreich eigen waren. Der König und die Stände wollten mit diesem formen-

Dem zukünftigen Ruhm der Künstler widmet sich die Hochschule für Bildende Künste Dresden im imposanten Gebäude der ehem. Königlichen Kunstakademie

reichen und imposanten Gebäudekomplex die bedeutende Rolle Dresdens als eine der führenden Kunst- und Kulturstädte Europas sichtbar machen. Wie viele Neubauten unserer Tage, so waren Kunstakademie und Ausstellungsgebäude zu ihrer Zeit heftig umstritten.

Geschichte An der 1764 gegründeten Kunstakademie, sie ist eine der ältesten Deutschlands, wurden Bildhauerei, Baukunst und Malerei gelehrt. Sie besaß ein über Dresden hinausreichendes Renommee und verlangte schon deshalb ein repräsentatives Gebäude. Auch der 1828 gegründete Sächsische Kunstverein hatte eine solche Bedeutung erlangt, dass er später Teile der Ausstellungsräume von der Kunstakademie für seine Veranstaltungen mieten sollte. Architekt Constantin Lipsius wurde es vor Baubeginn nicht leicht gemacht, denn sein Entwurf war äußerst umstritten. Den einen sagte das Gebäudevolumen nicht zu, andere störten sich am Standort, an der Fassadengestaltung oder der Raumaufteilung. Erst nach langen und heftigen Auseinandersetzungen bekam Lipsius die Baugenehmigung. An der Hochschule für Bildende Künste, die neben den klassischen Studiengängen u. a. auch Ausbildungen in Kunsttechnologie, Kunsttherapie und Theatermalerei anbietet, sind heute etwa 600 Studenten eingeschrieben.

Besichtigung Der historistische, um einen malerischen Innenhof gruppierte Vierflügelbau ist reich mit allegorischen Skulpturen und Reliefs geschmückt; die namhaftesten Bildhauer der Stadt waren aufgerufen, ihren Beitrag zu leisten. Außer Robert Diez, der mit seiner Prachtbrunnenanlage am Albertplatz beschäftigt war, erhörten alle den Ruf, darunter die Professoren Heinrich Epler, Johannes Schilling und Hermann Hulzsch. An die Kunstakademie wurde im spitzen Winkel der Ausstellungsbau angefügt, der an einen griechischen Tempel erinnert. Als die ›größte Zitronenpresse‹ der Welt bezeichnet der Volksmund humorvoll die gläserne *Stahlskelett-Kuppel*, die Kunst-

Das Albertinum beherbergt berühmte Museen – die Galerie Neue Meister und die Skulpturensammlung

akademie und Ausstellungsgebäude verbindet. Die vergoldete geflügelte Figur auf der Kuppel wurde lange Zeit als ›Nike‹, als die Siegesgöttin, angesehen. Was über dem Tempel der Kunst schwebt, stellt jedoch ›*Fama*‹ dar, in der römischen Mythologie die Göttin des Gerüchts. Das geht aus einem unlängst aufgefundenen Dokument ihres Schöpfers, des Bildhauers Robert Henze, hervor.

Im sog. Oktogon (Zugang über Georg-Treu-Platz), der Galerie oder im Senatssaal (Zugang über Brühlsche Terrassen) präsentiert die Hochschule interessante Arbeiten von Studenten oder Meisterschülern.

22 Albertinum

In dem mächtigen Vierflügelbau befinden sich berühmte Kunstsammlungen.

Brühlsche Terrasse
Wegen Bau- und Sanierungsarbeiten vermutlich bis 2009 geschl.
Tram 3, 7 bis Synagoge

Den meisten Besuchern dieses Gebäudes geht es nicht um seine Architektur, sondern um die berühmten Sammlungen im Inneren. Dabei ist auch das Albertinum als Baudenkmal durchaus interessant.

Geschichte Der Archititekt Carl Adolf Canzler errichtete diesen Museums- und Archivbau 1884–87 und nutzte dabei Teile des an dieser Stelle bestehenden *Zeughauses*. Dieses war Mitte des 16. Jh. erbaut worden und hatte im Verlauf der Jahrhunderte einige Veränderungen erfahren. Canzler verwendete vom Zeughaus die Kellergewölbe, das Erdgeschoss mit den toskanischen Säulen und die beiden westlichen Portale. Der Vierflügelbau – benannt nach dem damals regierenden König Albert – wurde 1945 schwer beschädigt und bis 1965 wieder hergestellt. Im Herbst 2005 begannen Bau- und Sanierungsmaßnahmen, zu denen auch ein neues Depot- und Werkstattgebäude im Hof des Albertinums gehört.

Besichtigung Das Bauwerk ist mit einer Sandsteinfassade im Stil der italienischen Hochrenaissance geschmückt. Die Mittelrisalite werden von monumentalen Skulpturen bekrönt, die großen Bronzereliefs (1909) im zweiten Obergeschoss der Schaufassade an der Brühlschen Terrasse stammen von Robert Diez. Die großformatige allegorische Figurengruppe ›Kunst‹ des Hauptportals ist ein Werk von Rudolf Hölbe, die Gruppe ›Herrscherruhm‹ über dem Mittelrisalit der Südfassade fertigte Richard König, die Gruppe ›Bildhauerkunst‹ der Ostfassade stammt von Robert Ockelmann.

Das Albertinum ist Heimstatt der **Galerie Neue Meister** [Nr. 23] und der **Skulpturensammlung** [Nr. 24], die nach der voraussichtlichen Wiedereröffnung des Gebäudes 2009 von ihren Interimsquartieren wieder zurückkehren werden.

23 Galerie Neue Meister

Von Caspar David Friedrichs Landschaften über Otto Dix' Kriegstriptychon bis zu A. R. Pencks Weltbildern.

Staatl. Kunstsammlungen Dresden
Interimsausstellungen im Semperbau des Zwingers
Di–So 10–18 Uhr
Tel. 03 51/49 14 20 00
www.skd-dresden.de

Im Albertinum sind die Werke der namhaftesten deutschen Maler des 19. bis 21. Jh. beheimatet. Wegen der gegenwärtigen Bau- und Sanierungsarbeiten wurde die Galerie ausgelagert. Ein Teil der Arbeiten wird bis 2009 in Kabinett-Ausstellungen im Semperbau gezeigt.

Geschichte Von Staatsminister Bernhard August von Lindenau, der 1830 die Leitung der Königlichen Museen übernommen hatte, stammt die Anregung, auch zeitgenössische deutsche Gemälde zu sammeln. Die **moderne Abteilung** entstand in der zweiten Hälfte des 19. Jh. und wurde bald durch Stiftungen und Schenkungen erweitert. Erworben wurde neben der deutschen Malerei auch Kunst anderer europäischer Länder. 1931 erfolgte dann die Teilung der Sammlung in Gemäldegalerie Alte Meister und Gemäldegalerie Neue Meister, welche zunächst in der *Sekundogenitur* [Nr. 20] auf der Brühlschen Terrasse Ausstellungsräume erhielt. Die Nationalsozialisten diffamierten zahlreiche Bilder als ›entartete Kunst‹ und ließen sie aus der Galerie entfernen. Nach dem Zweiten Weltkrieg zeigte die Gemäldegalerie Neue Meister ihren Bestand im Schloss Pillnitz, 1965 zog sie ins Obergeschoss des Albertinums. Den jüngsten Schwerpunkt der Sammlung bilden Arbeiten von Gerhard Richter.

Besichtigung Zu den Attraktionen der Galerie (vermutlich in dieser Form wieder zu sehen nach der Rückkehr ins Albertinum) zählen insbesondere die Arbeiten der **Romantiker**, die mit Caspar David Friedrich, Carl Gustav Carus, Ernst Ferdinand Oehme und Adrian Ludwig Richter vertreten sind, Friedrich u. a. mit den Meisterwerken ›Das Kreuz im Gebirge‹ und ›Zwei Männer in Betrachtung des Mondes‹. Lovis Corinth, Max Slevogt, Robert Sterl und Max Liebermann repräsentieren den deutschen **Impressionismus**. Ein weiterer Schwerpunkt der Sammlung sind Gemälde der deutschen **Expressionisten**, darunter Werke der Dresdner Künstlergemeinschaft ›Die Brücke‹.

Die **französische Malerei** des 19. und frühen 20. Jh. wird illustriert durch Arbeiten von Edouard Manet, Henri de Toulouse-Lautrec, Paul Gauguin und Auguste Renoir. Ein Hauptwerk der **Neuen Sachlichkeit** ist das 1932 entstandene Triptychon ›Der Krieg‹ von Otto Dix. Die deutsche **Kunst des späten 20. Jh.** repräsentiert das expressive Werk ›Go Go Gorbat-

Caspar David Friedrich brachte mit ›Kreuz im Gebirge‹ (1807/08) das religiöse Naturempfinden der Romantik zum Ausdruck. Die Rahmengestaltung erinnert an die christlicher Altäre

schow‹ (1994) von A. R. Penck, des Malers, den die DDR-Machthaber 1980 in den Westen trieben und der als Star in seine Heimatstadt zurückkehrte.

Die **Gegenwartskunst** tritt in einen spannungsvollen Dialog mit dem übrigen Sammlungsbestand. Seit dem Jahr 2004 sind 41 Werke des weltberühmten in Dresden geborenen Künstlers **Gerhard Richter** zu sehen. Die Dresdner Galerie Neue Meister ist heute das einzige Museum, das Richters Werk in solcher Breite zeigen kann.

24 Skulpturensammlung

Traditionsreiches Museum alter und neuer Plastik von Weltrang.

Staatl. Kunstsammlungen Dresden
Interimsausstellung im Zwinger
(Bogengalerie zwischen Wallpavillon und Gemäldegalerie Alte Meister)
Tel. 03 51/49 14 20 00
www.skd-dresden.de
Di-So 10-18 Uhr

Werke aus fünf Jahrtausenden – von den frühen Kulturen des Mittelmeerraumes und Vorderasiens bis zur Gegenwart – gehören zur Skulpturensammlung, deren Kern die 11 000 Antiken bilden. Bedingt durch die im Herbst 2005 begonnenen Bau- und Sanierungsmaßnahmen im Albertinum werden ausgewählte Werke im Zwinger gezeigt.

Geschichte Zwischen 1717 und 1728 entstand die Sammlung als Galerie *antiker Skulptur*. Die Aufkäufer Augusts des Starken erwarben in ganz Europa bedeutende Marmorbildwerke. So gelang es ihnen im Herbst 1728 in Rom 160 Antiken aus dem Nachlass des Fürsten Agostino Chigi und 34 Skulpturen aus der Sammlung des Kardinals Alessandro Albani zu kaufen. 1736 konnten in Wien drei weibliche Statuen aus Herkulaneum aus dem Nachlass des Prinzen Eugen von Savoyen erworben werden. In die Sammlung kam auch manches Stück, das der Dresdner Hof als Geschenk erhielt. So die *Bronzebüste des Kurfürsten Christian II.* (1603) von Adrian de Vries, die ein Geschenk von Kaiser Rudolf II. an den Dargestellten war. Die Antikensammlung war, bevor sie 1889 unter dem Namen Skulpturensammlung ins Albertinum kam, ab 1729 im Palais, später in den Pavillons des Großen Gartens und ab 1785 im Japanischen Palais untergebracht. Der Grundstock für die Sammlung *zeitgenössischer Plastik* wurde Ende des 19.Jh. gelegt, später erweiterte man sie vor allem um Werke deutscher Künstler des 20. Jh.

Besichtigung Lange Zeit war die Antikensammlung (vermutlich in dieser Form wieder zu sehen nach der Rückkehr ins Albertinum) die größte ihrer Art außerhalb Italiens. In der schönen Renaissancehalle im Erdgeschoss des Albertinums werden rund 500 Werke aus der

Galerie Neue Meister – Sammelstätte von bedeutenden Werken des 19.–21. Jh.

Die Skulpturensammlung – die griechischen Bildhauer der Klassik gaben dem Schönheitsideal ihrer Zeit Ausdruck. Ihre Werke setzten Maßstäbe, die bis heute Gültigkeit haben

Antikenabteilung gezeigt, meist römische Marmorstatuen als Nachschöpfungen verlorener griechischer Bronzearbeiten. Zu den Kostbarkeiten gehören die **Athena Lemnia** nach Phidias (um 447 v. Chr.), der sog. **Dresdener Knabe** (um 430 v. Chr.), die Statue eines **Siegreichen Athleten** nach Polyklet, und die einzige Kopie der **Tanzenden Mänade** des Skopas (4. Jh. v. Chr.).

25 Kurländer Palais

Das zauberhafte Bauwerk wird wieder hergestellt.

Tzschirnerplatz
Tram 3, 6, 7 bis Synagoge

Derzeit zeigt nur die Abbildung auf der Bauplane das Kurländer Palais, ab Ende 2008 wird es jedoch in seiner alten Schönheit als Geschäftshaus mit Restaurant neu erstanden sein. Das Palais von 1729 war das bedeutendste Werk von Oberlandbaumeister **Johann Christoph Knöffel**, der wie alle am Hofe tätigen seines Fachs eine internationale Ausbildung besaß und die Architektur von Rom und Paris studiert hatte. Auftraggeber war Minister *Graf von Wackerbarth*

Seinen Namen verdankt es dem sächsischen Prinz Carl, für kurze Zeit **Herzog von Kurland**, der 1744 Besitzer des Rokokogebäudes wurde. Von 1815–64 beherbergte es die chirurgisch-medizinische Akademie, an der der berühmte Arzt und Maler Carl Gustav Carus als Professor der Geburtshilfe wirkte. Dem Palais gegenüber, in der Schießgasse, zieht ein reich verziertes Gebäude die Aufmerksamkeit auf sich, das einem Renaissancepalast gleicht: das von Julius Temper für die Königliche Polizeidirektion erbaute **Polizeipräsidium** (1895–1900).

26 Neumarkt

Ein Platz erhält sein Gesicht zurück.

Neumarkt
Tram 1, 2, 4 bis Altmarkt

Der Neumarkt zwischen Elbe und Altmarkt gehörte vor den Zerstörungen 1945 zu den städtebaulichen Höhepunkten Dresdens. Als Ensemble des Spätbarocks von Weltrang entstand er ab 1760, nach dem Siebenjährigen Krieg. Die in den letzten Jahren errichteten Häuser rundherum zeigen teils ihre alten, teils auch dezent moderne Fassaden.

Die **Frauenkirche** [Nr. 27] ist das dominierende Bauwerk. Davor steht das *Lutherdenkmal* (1885) von Adolf von Donndorf, der dafür einen Kopf verwendete,

Eines der schönsten Ensembles der Stadt bilden Johanneum, Neumarkt und die wieder aufgebaute Frauenkirche. Im Hintergrund die Zitronenpresse genannte Kuppel der Kunsthochschule

den sein Lehrer und Freund Ernst Rietschel gestaltet hatte.

An der Ostseite des Neumarktes steht das barocke **Coselpalais** (1744–46, mehrfach zerstört, bis 2000 rekonstruiert) von Johann Christoph Knöffel. Benannt ist es nach seinem prominentesten Besitzer, Graf Friedrich August von Cosel, einem Sohn aus der Verbindung Augusts des Starken mit seiner berühmtesten Mätresse. Mittlerweile kann man hier speisen oder bei einem Kaffee die Aussicht auf die Frauenkirche genießen.

Im Norden soll die Baulücke zum Polizeipräsidium hin in den nächsten Jahren durch einen historisierenden Nachbau des einst an dieser Stelle befindlichen **Palais Hoym** (um 1765) von Gottfried Knöffler geschlossen werden.

Bereits wieder hergestellt ist das traditionsreiche **Hotel de Saxe** (s. S. 134). Das heute von Steigenberger betriebene Hotel empfing 2006 die ersten Gäste. Vor dem Haus bekam das *Standbild Friedrich August II.* (um 1867) nach einem Entwurf von Ernst Hähnel seinen Platz. Die übrige Bebauung hat man in acht Quartiere eingeteilt, die nach und nach wieder entstehen. Als erstes wurde das **Quartier an der Frauenkirche** mit seinen schicken Geschäften und einem weiteren Hotel vollendet. Es setzt einen neuen städtebaulichen Akzent, der sich zugleich eng an seinem historischen, im Krieg zerstörten Vorgängerbau orientiert.

Der **Türkenbrunnen** vor dem Haupteingang des Verkehrsmuseums [Nr. 28] überstand wie durch ein Wunder die Zerstörung im Februar 1945. Aufgestellt wurde er am Ende des Dreißigjährigen Krieges als Friedensbrunnen mit der Figur der Friedensgöttin ›Irene‹. Nachdem Kurfürst Johann Georg III. 1683 aus dem Türkenkrieg siegreich zurückgekehrt war, tauschte man die Irene jedoch gegen eine sandsteinerne ›Viktoria‹ (Siegesgöttin) aus und taufte ihn Türkenbrunnen.

Wer mehr über die Geschichte und den Wiederaufbau des Neumarktes wissen möchte, sollte den **Informationspavillon** (wwww.neumarkt-dresden.de, tgl. 11–18 Uhr) an der Ecke Landhausstraße/ Schießgasse am Pirnaischen Platz aufsuchen.

27 Frauenkirche

TOP TIPP

Seit Sommer 2004 prägt die elegante Kuppel des bedeutenden protestantischen Sakralbaus wieder die Silhouette der Altstadt.

Neumarkt
www.frauenkirche-dresden.de
Mo–Fr 10–12 und 13–18 Uhr, Sa/So und bei Veranstaltungen kürzer
Mo–Fr 12 und 18 Uhr Andacht, abends anschließend Führung
So 11 und 18 Uhr Gottesdienst
Tram 1, 2, 4 bis Altmarkt

Ordentlich sortiert lagen Anfang der 1990er-Jahre mehr als 20 000 Steine in Regalen auf dem Neumarkt. Es waren die aus dem Schutt geborgenen Bauteile der Frauenkirche, einem Meisterwerk barocker Baukunst. Mit ihrer mächtigen Kuppel, steinerne Glocke genannt, hielt sie dem Bombenhagel am 13./14. Februar 1945 sogar stand. Doch in den Vormit-

tagsstunden des 15. Februar 1945 stürzte der innen ausgebrannte Sakralbau in sich zusammen. Fast fünf Jahrzehnte lang ragte die düstere Ruine in den Himmel.

Mit dem Wiederaufbau der bedeutendsten protestantischen Kirche Sachsens wurde 1994 begonnen. Pfingsten 2003 läuteten erstmals wieder die Glocken und im Sommer 2004 wurden Turmhaube und Kuppelkreuz aufgesetzt. Seitdem schmückt die monumentale Kuppel des Gotteshauses wieder die Silhouette der Altstadt. Am 30. Oktober 2005 erfolgte mit großem Medieninteresse die feierliche Weihe der Frauenkirche, die auch eine der ständigen Spielstätten der Sächsischen Staatskapelle Dresden ist.

Der 95 m hohe Zentralbau über quadratischem Grundriss mit diagonal eingepassten Ecktürmen ist das wichtigste Bauwerk des aus dem Erzgebirge stammenden Architekten **George Bähr**. Er errichtete sein Meisterwerk über den Resten der alten Frauenkirche, die seit dem 11. Jh. bestanden hatte und 1726 abgerissen worden war. Die Grundsteinlegung für den Neubau erfolgte im selben Jahr. Die Fertigstellung 1743 erlebte Bähr nicht mehr, er starb 1738. Die Kirche vollendete Johann Georg Schmid. Heftige Auseinandersetzungen hatte es um die **Kuppel** gegeben, denn statischen Berechnungen ließen das Bauvorhaben als Wagnis erscheinen. Allen Unkenrufen zum Trotz gelang die Konstruktion der Kuppel und sie schmückte mit ihrem italienischen Flair fast 200 Jahre lang das Stadtbild – wie auch heute wieder. Im **Inneren** der Frauenkirche mit ihrer würdevollen, beschwingten Architektur beeindrucken Hochaltar und Kanzel (1733–39) von Johann Christian Feige d. Ä. Als Zeichen der Erinnerung steht das **Turmkreuz**, das Archäologen 1993 zwar beschädigt, aber nicht zerstört aus den Trümmern der Frauenkirche bargen, im Innenraum.

Gedenken an den Untergang Dresdens

Kranzniederlegung am Massengrab auf dem Heidefriedhof, Pontifikalmesse in der Hofkirche, Requiem in der Kreuzkirche, Ausstellungen in Schulen und Museen: Dresden gedachte im Februar 1995 der verheerenden Bombennacht von 1945. Die Gedanken galten aber auch jenen Städten, die im Zweiten Weltkrieg das Schicksal mit Dresden teilten, wie Rotterdam und Coventry sowie jenen, die 50 Jahre danach bluteten, darunter Grosny in Tschetschenien und Sarajevo in Bosnien. Schweigend versammelten sich damals Tausende vor der Ruine der **Frauenkirche**, mit deren Wiederaufbau inzwischen eine der letzten Spuren der Bombennacht getilgt worden ist.

Die Erinnerung an das Inferno im Februar 1945 war für viele Dresdner jahrzehntelang mit diesem tragischen **Mahnmal** der Vernichtung verbunden gewesen. Die Nachgeborenen hatten mit der Kircheruine immer vor Augen, wie ihre Stadt am Ende des Zweiten Weltkrieges ausgesehen hatte. Etwa 2000 britische und amerikanische Flugzeuge hatten sie in der Nacht vom **13.** zum **14. Februar 1945** in drei kurz aufeinander folgenden Angriffswellen in eine Steinwüste verwandelt.

Kurz nach halb zehn Uhr abends heulten die Sirenen, wenig später ging es los. Mehr als eine **halbe Million Bomben** warfen die Flugzeuge in dieser Nacht ab. Keine deutsche Fliegerabwehr stellte sich ihnen entgegen, die Menschen hatten keinen Schutz, wussten nicht wohin, denn öffentliche Bunker gab es nicht. Ein **Feuersturm** raste durch die Stadt, die Menschen erstickten, verbrannten, wurden von Trümmern erschlagen. Es waren Einwohner und Tausende von Flüchtlingen aus Schlesien und Ostpreußen, die Schutz in Dresden gesucht hatten. ›Reichsluftschutzkeller‹ wurde die Stadt genannt, denn kaum einer rechnete damit, dass die militärisch unbedeutende Kunstmetropole das Ziel von größeren Bombenangriffen sein würde. Das Zentrum verglühte in dieser Februarnacht regelrecht, im Tiefkeller der Hofapotheke an der Schlossstraße schmolzen sogar die Gläser auf dem steinernen Boden. Der Himmel färbte sich blutrot, bis nach Leipzig und Chemnitz war der Feuerschein zu sehen. 50 Jahre nach dieser grauenvollen Nacht läuteten 129 Glocken von 47 Kirchen zum Gedenken, sie vereinten sich zum ›Glockenrequiem Dresden‹. Ein Klangteppich überzog die Stadt, jeder Schlag sollte eine Mahnung zum Frieden sein. Auch der 60. Jahrestag im Februar 2005 war für Dresden Anlass zur feierlichen Erinnerung.

Bild der Zerstörung – die Trauer der Überlebenden scheint diese Figur am Rathausturm zu verkörpern. Sie blickt auf die Ruinen der Dresdner Altstadt (1945)

Ob bei Gottesdiensten oder Konzerten – der Besuch der Frauenkirche ist ein besonderes Erlebnis

28 Verkehrsmuseum Dresden

Wo einst Pferde und Kutschen der Kurfürsten untergebracht waren, sind heute historische Fahrzeuge ausgestellt.

Augustusstraße 1/ab 2008 Neumarkt
Tel. 03 51/864 40
www.verkehrsmuseum-dresden.de
Di–So 10–17 Uhr
Tram 1, 2, 4 bis Altmarkt

Passender könnte die Heimat eines Verkehrsmuseums nicht gewählt sein: Kurfürst Christian I. ließ den Bau 1586–90 als dreiflügeliges Stallgebäude für seine Pferde und Kutschen errichten. Damals gehörte es zu Dresdens prachtvollsten Renaissancebauwerken. Im Auftrag von König Johann baute Karl Moritz Haenel das seither nach dem Herrscher *Johanneum* genannte Gebäude 1872–76 zum Historischen Museum um. Damals verlor es viele Stilmerkmale der Renaissance, nur die seitlichen Rustika-Portale blieben erhalten. Das Aussehen der zum Neumarkt gewandten **Südfassade** des Verkehrsmuseums bestimmen hohe Rundbogenfenster und die doppelläufige Freitreppe. Den Giebel bekrönt das sächsisch-polnische Wappen.

Ein Rundgang durch die Ausstellungssäle des Verkehrsmuseums führt durch die gesamte Geschichte der technisch unterstützen Mobilität, immer mit besonderem Augenmerk auf den speziell sächsischen Anteil an den unterschiedlichen Entwicklungen. Ältestes Stück ist eine 1705 gebaute Sänfte.

Die Abteilung *Eisenbahngeschichte* belegt den größten Teil der Ausstellungsfläche. Unter den Originalfahrzeugen befindet sich die wohl älteste, weitgehend im Originalzustand erhaltene Lokomotive Deutschlands, die 1861 erbaute ›Muldenthal‹, die 91 Jahre lang im Werksverkehr des Zwickauer Steinkohlereviers diente. Im zentralen Lichthof sind *Autos* zu sehen, darunter der erste Pilot 6/30 von 1926, eine sächsische Automobil-Rarität. In der Abteilung *Städtischer Nahverkehr* werden u. a. ein Pferdebahn-Decksitzwagen von 1890 und der älteste Straßenbahn-Triebwagen Dresdens von 1896 gezeigt. Die Abteilungen *Schifffahrt* und *Luftfahrt* vervollständigen die Kollektion.

29 Stallhof und Langer Gang

Der älteste original erhaltene Turnierplatz seiner Art auf der Welt.

Augustusstraße
Tram 1, 2, 4 bis Altmarkt

Der **Stallhof** und der Lange Gang verbinden das Johanneum [Nr. 28] mit dem Georgenbau des Residenzschlosses [Nr. 13]. An die früher im Stallhof veranstalteten Hetzjagden und *Turniere* erinnern die

Die luftigen Arkaden des Langen Ganges verbinden Johanneum und Georgenbau (links) des Residenzschlosses. Hier, im Stallhof, fanden höfische Turniere statt

beiden 6,10 m hohen bronzenen Ringestechsäulen, Originale aus dem Jahr 1601. Der Stallhof, auf der Welt gibt es keine vergleichbare Anlage dieser Art mehr, wird zur Augustusstraße hin vom **Langen Gang** (100 m) begrenzt. Das Gebäude entstand 1586–88 vermutlich nach Entwürfen von Giovanni Maria Nosseni. Es wurde 1945 stark beschädigt und ab 1957 wieder aufgebaut. Die Fassade des Langen Ganges zur Augustusstraße hin schmückt der Fürstenzug. Die *Hoffassade* wird beherrscht von einem eleganten Arkadengang, dessen Bogen von 20 toskanischen Säulen getragen werden. Zwischen den Bogen sind die Wappen der damaligen wettinischen Landesteile von Andreas Walther III. angebracht, der seit etwa 1570 in Dresden als Bildhauer tätig war. Die Malereien und die plastischen Arbeiten am Außenbau wurden 1972–79 nach alten Stichen rekonstruiert. Im Obergeschoss diente der *Lange Saal* zunächst als Ahnengalerie des Hauses Wettin und ab 1731 als Gewehrgalerie. Heute wird er vom Verkehrsmuseum Dresden genutzt.

30 Fürstenzug

TOP TIPP

Beeindruckende Ahnengalerie der Wettiner auf dem größten Porzellanbild der Welt.

Augustusstraße
Tram 1, 2, 4 bis Altmarkt

35 Markgrafen, Kurfürsten und Könige hoch zu Ross sind in diesem monumentalen Wandfries an der Außenfront des Langen Ganges verewigt: die wettinischen Herrscher von 1123 bis 1906. Der 101,90 m lange und 957 m^2 große Fries gilt als das größte Porzellanbild der Welt.

Geschichte 1872 begann Wilhelm Walther die vierjährige Arbeit an dem Monumentalgemälde, das allerdings in Folge rasch verwitterte, da es in Sgraffitotechnik ausgeführt worden war. 1904–07 wurde es deshalb auf 25 000 Fliesen von je 20,5 x 20,5 cm aus Meissener Porzellan übertragen. 1978/79 schließlich rückten Restauratoren an, um den Fries, der die Bombennacht im Februar 1945 fast unbeschadet überstanden hatte, gründlich zu erneuern. Sie mussten lediglich 223 Fliesen völlig und 442 teilweise ergänzen.

Besichtigung Insgesamt 93 Personen sind auf dem Fries dargestellt. Der Fürstenzug beginnt mit **Konrad dem Großen**, der in der ersten Hälfte des 12. Jh. über die Markgrafschaft Meißen herrschte, und endet mit **König Georg II.**, der zu Beginn des 20. Jh. zwei Jahre in Dresden regierte. Der berühmteste Wettiner, **August der Starke**, und sein Sohn **Kurfürst Friedrich August II.** werden mit den polnischen Königsnamen (August II. und August III.) genannt. Aufmerksame Betrachter werden den letzten regierenden Wettiner vermissen, **König Friedrich August III.** (1865–1932), der bei seinem Sturz 1918 trotzig erklärt haben soll: »Nu, dann machd eiern Dregg alleene«. Er war, als mit dem Fries begonnen wurde, noch ein Bub von sieben Jahren.

Den Herrschern des deutschen Fürstengeschlechts mit der längsten Regierungszeit folgen zu Fuß Vertreter von Wissenschaft und Kunst, Handwerker-, Bergmann- und Bauernstand. So ist hinter den Fahnenträgern in der zweiten Reihe mit wallendem Haar der Maler **Adrian Ludwig Richter** zu sehen, einer der populärsten deutschen Künstler des 19. Jh. Am Ende des einzigartigen Kunstwerkes hat sich der Schöpfer selbst verewigt: Hinter dem Maurer Pietsch und dem Zimmermann Kern, seinen beiden Helfern, blickt der 1826 in Cämmerswalde im Erzgebirge als Sohn eines Waldarbeiters geborene Akademieprofessor **Wilhelm Walther** dem Betrachter entgegen.

31 Stadtmuseum Dresden

Die Geschichte Dresdens in einem Kleinod unter den Baudenkmälern der Altstadt.

Landhausstraße 1
Tel. 03 51/65 64 86 11
www.museen-dresden.de
Di–Do, Sa/So 10–18, Fr 12–20 Uhr
Tram 1, 2, 3, 4, 6, 7, 12 und
Bus 75 bis Pirnaischer Platz

Für viele Besucher ist Dresden zunächst einmal die Stadt Augusts des Starken, ein Ort königlicher Prachtentfaltung. Bald wird der Gast jedoch den besonderen **Bürgersinn** spüren, den selbst die SED-Diktatur den Dresdnern nicht austreiben konnte. Diesem besonderen Geist ist das Stadtmuseum gewidmet.

Als Heimat dient ihm – im weitesten Sinne – ein Haus der Bürger, das **Alte Landhaus**. Erbaut wurde es 1770–76 für die Ständeversammlung des Königreichs Sachsen, also die damalige ›Volksvertretung‹ aus Adel, Klerus und Bürgerlichen. Der von Hofbaumeister Friedrich August Krubsacius errichtete Bau vereint klassizistische, spätbarocke und Rokoko-Elemente. Auch das **Innere** des Gebäudes ist

Einzigartige Ahnengalerie: Der Fürstenzug aus Meissener Porzellankacheln an der Außenwand des Langen Ganges präsentiert die Wettiner Herrscher vom 12. bis zum frühen 20. Jh.

Verwaltungsgebäude von königlichem Format – das Landhaus, als Tagungsstätte der Stände im 18.Jh. erbaut, bildet heute den eleganten Rahmen für das Stadtmuseum Dresden

von besonderem Reiz: Das durch die drei Geschosse führende *Treppenhaus* stellt mit seinen nach oben schwingenden Aufgängen eine außerordentlich schöne Arbeit dar. Augenweiden sind auch das schmiedeeiserne Treppengeländer und die über 200 Jahre alten Putten und Vasen aus der Schule des Bildhauers Gottfried Knöffler.

Die **Ausstellung** des Stadtmuseums bietet einen Überblick über das Leben der Bürger Dresdens seit der Stadtgründung 1206. Dabei nimmt sie auch den Kontakt des Bürgertums zum höfischen

An den Wiederaufbau der Frauenkirche erinnert eine Ausstellung im Stadtmuseum

Treiben der Residenzstadt in den Blick. Kulturhistorisch besonders bedeutend sind hier die Tafelgemälde der ›*Zehn Gebote*‹ (1528/29) aus der Kreuzkirche [Nr. 34] und die von den sächsischen Kurfürsten gestifteten *Ordensketten*. Die Abteilung zum 19. Jh. stellt die Entwicklung eines bürgerlichen Selbstbewusstseins in den Vordergrund.

Die Darstellung des 20. Jh. prägt der Rückblick auf die zwei Diktaturen, die das Leben der Menschen in jener Zeit beherrschten. Breiten Raum nehmen das Dritte Reich und die Verheerungen, die in dessen Gefolge über Dresden hereinbrachen, ein. Ebenso ausführlich wird die Geschichte der DDR geschildert, deren Vermächtnis in den vergangenen Jahren zügig aus dem Stadtbild Dresdens getilgt wurde. Persönliche Aufzeichnungen wie Tagebüchern, Fotoalben oder Zeichnungen sowie den Erzählungen von 150 Dresdner, die im ›Kosmos der Erinnerungen‹ von ihren Erlebnissen im vergangenen Jahrhundert berichten, machen Stadtgeschichte erlebbar. Eine Sonderausstellung zeigt den Wiederaufbau der Frauenkirche.

Im Obergeschoss präsentiert die **Städtische Galerie Dresden** (www.galerie-dresden.de) ihre Sammlung aus Malerei, Graphik und Skulptur vom 16. Jh. bis zur Gegenwart. Stadtansichten des 19. Jh. von Wehle oder Leuteritz sind ebenso zu sehen wie Werke der Moderne von Otto Dix, Otto Müller, Thoralf Knobloch und Hans Unger.

32 Altmarkt

Das Herz von Dresden einst und heute.

Tram 1, 2, 4 bis Altmarkt

Seit Jahrhunderten ist der Altmarkt der Mittelpunkt Dresdens. Einst war er der Markt- und Versammlungsplatz der Bürgerschaft. Vor dem Bau des Zwingers vergnügte sich hier die Hofgesellschaft. Die Bomben hinterließen im Februar 1945 einen Trümmerhaufen, sämtliche Gebäude wurden zerstört. In den Tagen nach dem Inferno brachte man Tausende von Toten auf den Platz, um sie hier einzuäschern.

Geschichte 1370 wurde der Altmarkt erstmals erwähnt, seinen Namen bekam er 1550. Während der Bombenangriffe im Februar 1945 flüchteten sich die Menschen auf den Platz, wo zu Löschzwecken große Wasserbecken angelegt worden waren. Nach der Beseitigung der Trümmer begann 1953 der Wiederaufbau, in dessen Verlauf der Platz von 1,3 ha auf 2,8 ha vergrößert wurde. Mit der Bebauung im südlichen Bereich ab 1997 wurde der Platz wesentlich verkleinert. Wie der Altmarkt einst aussah, das zeigen Stadtveduten Canalettos in der Gemäldegalerie Alte Meister [Nr. 6].

Besichtigung Einst ragte die *Kreuzkirche* [Nr. 34] hinter den Häuserfassaden der Ostseite auf, heute bildet sie mit ihnen eine Fluchtlinie. Die Gebäude (1953–56) der West- und der Ostseite mit ihren Erkern, Arkaden und Skulpturen aus Sandstein lehnen sich an Architekturformen des Barock an. Die Entwürfe lieferten Herbert Schneider und Johannes Rascher. Diese Art des Bauens erwies sich aber bald als zu kostspielig und daher erfolgte der Wiederaufbau anderer Bereiche zum größten Teil in Plattenbauweise. Die Nordseite des Platzes schließt an der Wilsdruffer Straße der *Kulturpalast* [Nr. 33] ab. Die zu DDR-Zeiten offen gebliebene Südseite wurde ab 1997 entsprechend der historischen Stadtanlage bebaut, jedoch in einer modernen, zeitgemäßen Architektur. Entstanden sind Bürogebäude, ein Warenhaus, Geschäfte und Bankfilialen.

In den Häusern rund um den Altmarkt wohnten einst bekannte Persönlichkeiten, so z. B. im Haus Ecke Kreuzstraße 1819–42 **Ludwig Tieck** (1773–1853). Die Gedenktafel mit dem Relief des Dichters informiert, dass er damals als Dramaturg am Hoftheater tätig war.

In der Weißen Gasse, hinter der Ostseite des Altmarkts, plätschert der **Gänsediebbrunnen** (1876–80). Mit diesem Werk gewann Robert Diez, der später das Meisteratelier für Bildhauerei an der Kunstakademie leitete, die ›Große Goldene Medaille‹ auf der Internationalen Kunstausstellung 1878 in München. Mittlerweile entwickelte sich die nur 200 m lange Straße zur festen Adresse für Dresdens Nachtschwärmer, finden sie an dieser Kneipenmeile doch fast zwanzig Lokale.

Westlich des Platzes wurde im Herbst 2002 die **Altmarkt-Galerie** eröffnet, die zu den bundesweit schönsten Einkaufszentren gehört. Der Besucher findet hier über 100 Shops, Cafés und Restaurants. Die Haupteingänge befinden sich am Altmarkt sowie am Dr.-Külz-Ring.

Der Altmarkt mit neuem Gesicht – Blick vom Rathausturm über die Kreuzkirche auf das Herz der Dresdner Altstadt, das im Zweiten Weltkrieg zerstört worden war

33 Kulturpalast

Moderne Architektur für die Dresdner Philharmonie am Altmarkt mit einem Festsaal für 2400 Zuschauer.

Altmarkt/Wilsdruffer Straße
03 51/48 66 66
www.kulturpalast-dresden.de
Tram 1, 2, 4 bis Altmarkt

Der verhältnismäßig flache Kulturpalast, ein Werk der neueren DDR-Architektur, bildet den städtebaulichen Abschluss des Altmarktes nach Norden. Das Gebäude mit einem Saal für 2400 Zuschauer ist Heimstatt der **Dresdner Philharmonie**. Hier finden aber auch große Bälle statt, und Stars des Show- und Musikgeschäfts geben ihre Gastspiele.

Nach der Idee von Leopold Wiel und nach Entwürfen von Wolfgang Hänsch und Herbert Löschau wurde der Kulturpalast 1966–69 erbaut. Das 103 m lange und 72 m breite, in Stahlbetonskelettbauweise errichtete Gebäude misst in der Höhe nur 19,35 m. Charakteristisch ist das mit Kupferblech gedeckte Dach. Glücklicherweise wurde auf die in einem früheren Projekt vorgesehene hohe Kuppel verzichtet, sodass die Architektur des Kulturpalastes die Silhouette der Altstadt nicht beeinträchtigt. Das zurückgesetzte Erdgeschoss des Gebäudes ist mit roten polierten Granitplatten verkleidet. Die beiden Obergeschosse liegen hinter einer funktionalen Stahl-Aluminium-Glas-Fassade. Interessant sind die fünf zweiflügeligen *Bronzetüren* der Eingangsseite mit Szenen aus der Geschichte Dresdens von Gerd Jäger.

34 Kreuzkirche

TOP TIPP ***Mit 3600 Plätzen eine der größten evangelischen Kirchen Deutschlands.***

Altmarkt
Tel. 03 51/74 39 39 20
www.dresdner-kreuzkirche.de
Ostern–Okt. Mo–Sa 10–18, So 12–17.30 Uhr, Nov.–Ostern Mo–Sa 10–16, So 12–16 Uhr
Tram 1, 2, 4 bis Altmarkt

Fünfmal wurde die älteste Kirche der Stadt durch Brand oder Krieg zerstört und fünfmal wieder aufgebaut. Ihr Geläut besteht aus fünf großen Glocken – es ist nach dem des Kölner Doms das zweitgrößte in Deutschland. Gegossen wurde es 1900 in der Apoldaer Glockengießerei Schilling. Eng mit Dresdens Hauptkirche verbunden ist der weltbekannte **Kreuzchor**, einer der ältesten Knabenchöre der Welt. Kreuzchor-Vespern gehören zu den besonderen Erlebnissen eines Dresden-Besuches.

Geschichte Seine heutige Gestalt bekam der Sakralbau im Wesentlichen 1764–92 nach Plänen von Johann Georg Schmid und Christian Friedrich Exner, den 92 m hohen klassizistischen *Turm* vollendete 1788 Gottlob August Hölzer. Der erste Kirchenbau wurde vermutlich um 1200 dem hl. Nikolaus geweiht, um 1235 wurde die **Kreuzkapelle** für die Aufbewahrung eines Splitters vom Kreuz Christi angebaut. Diese Reliquie hatte *Constanze von*

In der Kreuzkirche, deren Inneres als Mahnmal des Krieges unter Verzicht auf reiche Ausstattung rekonstruiert wurde, gewinnt die Andacht bei einer Kreuzchor-Vesper besondere Intensität

Kreuzchor

Sogar im fernen Japan drängte sich ein begeistertes Publikum darum, den **traditionsreichen Knabenchor** (www.kreuzchor.de) aus Dresden zu hören. Bereits die Chroniken des 14. Jh. verzeichneten den Kreuzchor, der aus Schülern der städtischen **Kreuzschule** gebildet wurde. Und auch beim ersten evangelischen Gottesdienst der Stadt, am 6. Juli 1539, sangen die Knaben des Chores. 1530 war der erste Kreuzkantor berufen worden, den eine Verordnung beauftragte, er solle »christliche deutsche Lieder aus dem Gesangsbuch Dr. Martin Luthers singen und figurieren« lassen. Ab Ende des 19. Jh. wurde das Werk von **Johann Sebastian Bach** besonders gepflegt. Damals hatte sich auch die Chorgröße von 32 Kruzianern auf 66 erhöht, heute zählt der Kreuzchor 80 Mitglieder. Die bekanntesten **Kreuzkantoren** waren Julius Otto, der den Chor 1828–75 leitete, und Rudolf Mauersberger, der 1930–71 als 25. Kreuzkantor tätig war. Zu Weltruhm gelangte der Kreuzchorsänger **Peter Schreier**. Erstaunlich, dass ausgerechnet der berühmteste Kreuzschüler, **Richard Wagner**, es während seiner Schulzeit 1822–27 nicht zum Chorsänger brachte.

Österreich mitgebracht, die 1234 mit Markgraf Heinrich dem Erlauchten vermählt worden war.

Der Name der Kapelle übertrug sich später auf die ganze Kirche. Die kostbare Kreuz-Reliquie aber ist seit der Reformation verschollen. Die zweite Kreuzkirche (1447–49) brannte 1491 nieder, von der dritten (Ende 15. Jh.) zerstörten preußische Kanonenkugeln im Siebenjährigen Krieg Langhaus und Chor, 1897 brannte die Kirche erneut aus und 1945 blieben nur die Außenmauern stehen. Am 10. Jahrestag der Zerstörung Dresdens konnten der Landesbischof und der Kreuzchor die wieder erstandene Kirche einweihen.

Besichtigung Mit 3600 Plätzen zählt die Kirche mit ihrer klassizistisch geprägten *Fassade* zu den größten in Deutschland. Im **Inneren** wurde sie bei der Wiederherstellung nur mit hellem Rauputz verkleidet, auf Schmuck wurde verzichtet. Was als Provisorium gedacht war, wird nun so bestehen bleiben – die Schmucklosigkeit soll an die Schrecken des Krieges erinnern. Das *Altarbild* ›Kreuzigung‹ (1900) von Anton Dietrich überstand den Flammensturm im Februar 1945 und war danach rußgeschwärzt. Das Relief (1900) von Heinrich Epler in der Predella des Altars stellt den ersten lutherischen Gottesdienst in Dresden dar, der am 6. Juli 1539 in der Kreuzkirche stattfand. Die 1963 eingeweihte *Orgel* der Dresdner Firma Jehmlich besitzt 76 Register und 6111 Pfeifen. Rechts vom Haupteingang befindet sich die *Heinrich-Schütz-Kapelle* mit dem *Schützrelief*, das Kreuzkantor Rudolf Mauersberger stiftete. In dieser Kapelle fand auch das *Nagelkreuz* (1986) Platz, ein Versöhnungsgeschenk der Kathedrale von Coventry, die 1940 von Deutschen Bombern zerstört worden war. Das Bronzekruzifix und das Alabasterrelief (beide um 1600) stammen aus der zerstörten Dresdner Sophienkirche.

35 Neues Rathaus

Ein imposantes Bauwerk mit ›Goldener Pforte‹, ›Rathausmann‹ und einem ›Bacchus‹ mit blank gescheuerter Zehe.

Dr.-Külz-Ring 19
Turmbesteigung tgl. 10–18 Uhr, letzte Auffahrt 17.30 Uhr
Tram 1, 2, 3, 4, 7, 12 und Bus 75, 82 bis Pirnaischer Platz

Der achteckige, 100 m hohe Turm des Neuen Rathauses gehört seit Beginn des 20. Jh. zum Stadtbild, und die ihn bekrönende vergoldete Skulptur wurde zu einem der Wahrzeichen Dresdens. Das Bauwerk hat einen Gesamtumfang von 467 m, wer alle Korridore entlanglaufen möchte, muss 2900 m marschieren.

Geschichte Der verhältnismäßig unbekannte Architekt Karl Roth erhielt als einer von vier Preisträgern eines Architekturwettbewerbes den Auftrag, das neue Rathaus zu erbauen. Denn das alte von 1744 am Altmarkt (im Zweiten Weltkrieg dann zerstört) war zu eng geworden. Roth schuf einen unregelmäßigen vier- bis fünfgeschossigen Gebäudekomplex mit fünf Innenhöfen. Nach fünfjähriger Bauzeit konnten 1910 der Oberbürgermeister und seine Mitarbeiter an ihren Schreibtischen Platz nehmen. Die Wiederherstellung des 1945 schwer beschädigten Rathauses erfolgte 1948–52. Der Festsaalflügel am Rathausplatz (1962–65) kam einem Neubau gleich.

Besichtigung Das sandsteinverkleidete Neorenaissance-Gebäude weist auch Elemente des Jugendstils und des Barock auf. ›*Rathausmann*‹ (1908–10) wird die 4,90 m hohe Skulptur auf dem **Rathausturm** genannt. Für die vergoldete Figur in der Haltung eines griechischen Gottes stand dem Bildhauer Richard Guhr der Dresdner Kraftakrobat Ewald Redam Modell, einer der ungewöhnlichsten Artisten seiner Zeit. 100 Gramm Blattgold umhüllen die Figur. Der Turm ist mit 100,20 m der höchste in der Innenstadt. Von seiner *Aussichtsplattform* bietet sich in 68 m Höhe ein atemberaubender Blick auf die Stadt, die Flusslandschaft und bei klarer Sicht bis in das Elbsandsteingebirge.

In seiner Jugendstilpracht wieder hergestellt wurde das zu den Festräumen führende *Treppenhaus* mit Wandmalereien von Otto Gussmann. Zwei bronzene Löwen (1910) von Georg Wrba bewachen den Eingang, die vier vergoldeten Gittertüren von Karl Groß verhalfen dem Portalbereich zur Bezeichnung *Goldene Pforte*. Ein weiteres Kunstwerk des Akademieprofessors Wrba bekam seinen Platz vor der Gaststätte ›Ratskeller‹: die Bronzegruppe ›*Bacchus auf einem Esel reitend*‹ (1910). Der Eselsreiter wurde zur bekanntesten Skulptur Dresdens. Tausende berührten schon die längst blank polierte Zehe von Bacchus, denn das soll die baldige Wiederkehr sichern.

Ebenfalls von Wrba stammt der schlichte **Rathausbrunnen** (1911) an der Westseite des Rathauses. Mit der Plastik **Trümmerfrau** von Walther Reinhold auf dem Rathausplatz wird der Dresdner Frauen gedacht, die in den Nachkriegsjahren die Zerstörungen der Altstadt beseitigten. Die Eisenplastik von 1952 wurde 1968 durch einen Bronzeguss ersetzt.

Rathaus Royal – der Treppenaufgang zu den Festsälen des Neuen Rathauses (1905–10) steht an Eleganz und Schmuck den sächsischen Schlössern nicht nach

Wo einst die Tuchhändler ihre Waren anboten, logieren heute Hotelgäste

36 Neues Gewandhaus

Wo einst die Gewandschneider saßen, logieren inzwischen zahlungskräftige Hotelgäste.

Ringstraße 1
wwww.dresden.radissonsas.com
Tram 1, 2, 3, 4, 7, 12 und Bus 75, 82
bis Pirnaischer Platz

Im Neuen Gewandhaus, einem Gebäude, das heutzutage die Atmosphäre eines modernen anspruchsvollen Großstadthotels bietet, ist manchmal noch die gleiche Betriebsamkeit wie vor 200 Jahren zu spüren, als hier gehandelt wurde. Im Erdgeschoss befanden sich damals die Fleischbänke, in den Sälen des Obergeschosses boten die Tuchhändler ihre Waren an. Sie gaben dem Haus auch seinen Namen.

Geschichte Das 1768–70 von Johann Georg Schmid und Johann Friedrich Knöbel errichtete Gebäude diente viele Jahre als Lager – bis 1925 die Stadtbank hier einzog. Nach der Zerstörung 1945, bei der nur die Außenwände stehen blieben, erfolgte 1965–67 der originalgetreue Wiederaufbau, das Innere jedoch wurde den Ansprüchen eines DDR-Hotels gemäß umgebaut. Die umfassende Modernisierung des heute von *Radisson SAS* [s. S. 135] genutzten Hauses erfolgte 1995–97.

Besichtigung Im Übergangsstil vom Spätbarock zum Frühklassizismus wurde das Gewandhaus, der bedeutendste städtische Bau nach dem Siebenjährigen Krieg, errichtet. Es besitzt einen dreifenstrigen Mittelrisalit mit schmucklosem Dreiecksgiebel. Über dem Eingangsportal erscheint das Stadtwappen.

An der Nordwestecke des Gewandhauses ist der barocke **Wandbrunnen** beachtenswert. Er konnte aus Resten zusammengefügt werden, die sich in den Trümmern fanden. Der Juwelier Johann Melchior Dinglinger hatte sich diesen schönen Brunnen um 1720 für den Hof seines Wohnhauses in der Frauengasse 9 anfertigen lassen, wo er ebenfalls ein Fenster rahmte.

Am Eckhaus Kreuz- und Ringstraße wurde ein **Fries** mit spielenden Kindern aus der Zeit um 1535 angebracht, der von Christoph Walther I. stammt. Die Reliefs befanden sich am Runderker des zerstörten Hauses Frauenstraße und Neumarkt, das 1629–57 Hofkapellmeister Heinrich Schütz bewohnte.

Dinglingers barocker Wandbrunnen findet sich an der Nordostecke des Gewandhauses

Innere Neustadt – wo der ›Goldene Reiter‹ paradiert

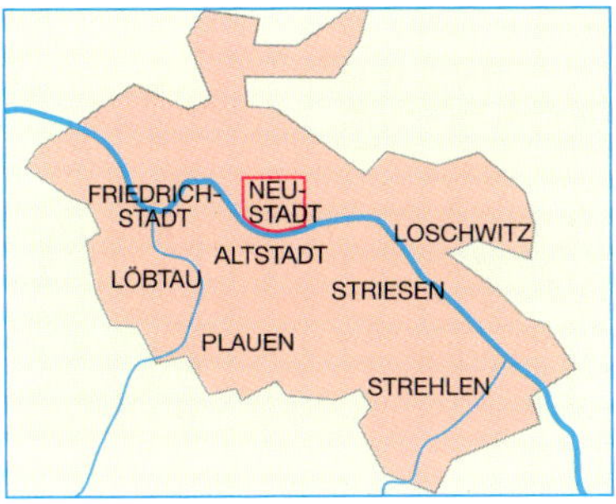

Über die Augustus- oder die Carolabrücke sind es von der Inneren Altstadt nur wenige Minuten bis zum rechten Elbufer. Dort, an einer Fährstelle, war vor Jahrhunderten jene Siedlung entstanden, die später **Altendresden** genannt wurde. 1685 vernichtete ein verheerender Brand fast alle Gebäude, der Wiederaufbau erfolgte nach Ideen von **Wolf Caspar von Klengel**. Doch da Geld knapp war, konnten manche der ehrgeizigen Bauvorhaben nicht realisiert werden: so z. B. Klengels Plan, eine fürstliche Neustadt mit modernem Residenzschloss zu errichten. Während der ersten Hälfte des 18. Jh. war die Neustadt – wie die Altstadt noch von einer Mauer umgürtet – ein riesiger Bauplatz. Bis zu 2000 Menschen waren oft gleichzeitig mit den Bauarbeiten beschäftigt. Die Innere Neustadt erstreckt sich zwischen Elbe und Albertplatz, zwischen Palaisplatz und Glacisstraße.

37 Blockhaus
Neustädter Wache

Im Stil des Dresdner Barock präsentiert sich das einstige Zollhaus an der Augustusbürcke.

Neustädter Markt 19
Tram 4, 8, 9 bis Neustädter Markt

Wer von der Inneren Altstadt über die Augustusbrücke kommt, sieht linker Hand gleich eine der Sehenswürdigkeiten der Inneren Neustadt, das in den Formen des sächsischen Barock erbaute, sandsteinverkleidete Blockhaus. Die Bezeichnung entstammt der Festungsarchitektur und bedeutet Riegel. Und als solcher – zur Sicherung der Augustusbrücke – diente das Bauwerk.

1732 begann der Franzose *Zacharias Longuelune* mit der Errichtung des wuchtigen kubischen Gebäudes mit seiner eingezogenen offenen Bogenvorhalle. Der Baumeister hatte aus seiner Heimat die strengen Formen des noch vom Barock beeinflusssten Frühklassizismus mitgebracht: jene Monumentalbauten mit durch Lisenen gegliederten Fassaden, die nur wenige Schmuckelemente aufweisen. Nach seinen Plänen hätte ein pyramidenförmiges Dach, gekrönt von einem Reiterstandbild Augusts des Starken entstehen sollen.

Schließlich aber wurden Bau und Funktion modifiziert: Johann Georg Maximilian von Fürstenhoff setzte 1749 noch ein Halbgeschoss auf und das Gebäude wurde 1755 als *Neustädter Wache* vollendet. Das Dachgeschoss kam erst 1892 hinzu. Nach der Kriegszerstörung wurde das Blockhaus 1978–80 im Zustand von 1749 wieder aufgebaut. Von den nach Plänen Longuelunes in Dresden errichteten Bauten ist es als einziges erhalten geblieben. Heute nutzt es die *Sächsische Landesstiftung Natur und Umwelt*.

Auf der anderen Straßenseite ist die **Bronzefigur des Hofnarren Joseph Fröhlich** (um 1978) von Heinrich Apel sehenswert. Sie wurde dort aufgestellt, wo sich einst das ›Narrenhäusel‹ Fröhlichs (1694–1757) befand, der die Kurfürsten August den Starken und Friedrich August II. bei Laune zu halten wusste.

38 Goldener Reiter

Eines der Wahrzeichen Dresdens: das goldene Denkmal des starken August hoch zu Ross.

Neustädter Markt
Tram 4, 8, 9 bis Neustädter Markt

Im römischen Schuppenpanzer, auf einem kurbettierenden Lipizzaner sitzend,

Der Neustädter Markt am rechten Elbufer prunkt mit dem Goldenen Reiter (1776) und dem Blockhaus (1732), Werk des französischen Architekten Zacharias Longuelune

paradiert **August der Starke**, den Blick – so heißt es – nach Polen gerichtet. Das prachtvolle Standbild, volkstümlich Goldener Reiter genannt, hat Hofbildhauer *Jean Joseph Vinache* entworfen, der Kanonenschmied Ludwig Wiedemann trieb es 1732–34 in Kupfer. Bei der Enthüllung 1736 war der Sandsteinsockel noch unvollendet, den stellte Constantin Lipsius erst 1884 fertig.

Ursprünglichen Ideen zufolge sollte das Denkmal zunächst die Elbbrücke schmücken, später das Dach des Blockhauses bekrönen. Schließlich fand es seinen Platz auf dem **Neustädter Markt**. Von ihm haben die Bomben im Februar 1945 nichts übrig gelassen. Heute ist er ein großer Freiraum mit plätschernden Brunnen, darunter den beiden spätbarocken **Nymphenbrunnen** (um 1740) von Benjamin Thomae, die vom 1945 zerstörten Neustädter Rathaus stammen. Dies sind allerdings nicht die Originale; sie waren so stark verwittert, dass man 1938 Kopien anfertigte.

39 Barockhaus

Die barocke Doppelhofanlage ist heute Teil des Hotels The Westin Bellevue.

Große Meißner Str. 15
www.westin.de
Tram 4, 8, 9 bis Neustädter Markt

Am Ende des Zweiten Weltkrieges stand das Haus Große Meißner Straße 15 einsam zwischen Ruinen: Als einziges in dieser Straße hatte es die Zerstörung im Febru-

Die schöne Fassade des Barockhauses gehört heute zum Hotel The Westin Bellevue

ar 1945 unversehrt überstanden. Es ist seltener Zeuge jener Prachtarchitektur, welche die Große Meißner Straße bis zu ihrer Zerstörung auszeichnete.

Geschichte Das Gebäude wurde 1632 erstmals in den Annalen erwähnt. Das Vorderhaus bekam sein bis heute erhaltenes Erscheinungsbild nach dem großen Stadtbrand von 1685. Der Wiederaufbau lag vermutlich in den Händen des späteren Landbaumeisters und Besitzers des Hauses, Matthäus Schumann. Umbau und Erweiterungen – sie betrafen die beiden Gartenhof-Flügel und die Barockfassade – erfolgten 1723–27 durch Johann George Gebhard. Der Dresdner Hof kaufte das Haus 1733 und richtete darin die *Königliche Kanzlei* ein.

Besichtigung Als 1983 ein japanisches Unternehmen mit dem Bau des Interhotels Bellevue begann, das heute **The Westin Bellevue Dresden** [s. S. 134] heißt, wurde das Haus mit seiner barocken Doppelhofanlage geschickt in den Hotelneubau einbezogen. Die Fassade mit der Vase über dem Tor, den Gehängen und Kartuschen zeigt sich so, wie sie 1723–27 modernisiert worden war.

Rechts neben dem Eingang zum Bankettzentrum des Westin Bellevue informiert eine *Gedenktafel*, dass an dieser Stelle das Geburtshaus des Hofkapellmeisters und Pianisten *Hans von Bülow* (1830–94) stand, dessen Frau Cosima später Richard Wagner heiratete. Von der Elbfront des Hotelparks bietet sich der berühmte *Canaletto-Blick* über die Elbe auf die Altstadt. Hier stand Bernardo Bellotto, gen. Canaletto, im Jahr 1748 mit seinem Skizzenblock. Am Elbufer ist der **Drei-Grazien-Brunnen** (1986) von Vincenz Wanitschke sehenswert: Die drei bronzenen lebensgroßen Frauenfiguren sitzen in anmutiger Haltung auf dem sandsteinernen Beckenrand. Die Bronzeskulptur **›Die Schöne und das Tier‹** (1986) stammt von Detlef Reinemer. Dort, wo der Hotelpark in den des Japanischen Palais übergeht, sind an einer kleinen Mauer zwei weitere *Gedenktafeln* angebracht: Eine bezeichnet das Haus, in dem am 23. September 1791 Theodor Körner geboren wurde, und die andere jenes Gebäude, in dem 1786–87 *Friedrich von Schiller* wohnte. Das ideenreiche **Denkmal für Theodor Körner** hat Wolf-Eike Kuntsche im Jahr 1987 aus Bronze, Edelstahl und Naturstein gefertigt.

40 Japanisches Palais

Landesmuseum für Vorgeschichte Staatliches Museum für Völkerkunde Museum für Tierkunde

Ein Prachtbau am nördlichen Elbufer: das von August dem Starken geplante ›Porzellanschloss‹.

Palaisplatz 11
Vorgeschichte: Tel. 03 51/892 66 03
www.archsax.sachsen.de
Völkerkunde: Tel. 03 51/814 48 41
www.ses-sachsen.de
Tierkunde: Tel. 0351/8926326
www.snsd.de
Alle Sammlungen Di–So 10–18 Uhr
Tram 3, 4 bis Palaisplatz

Europas Herrscher sollten neidvoll auf Dresden schauen und mit dem ›Porzellanschloss‹ wollte August der Starke etwas Einmaliges schaffen. In dem Vierflügelbau im spätbarock-klassizistischen Stil sollte seine kostbare Sammlung chinesischer, japanischer und Meissener Porzellane prunkvoll dargeboten werden. Doch wie so oft überstieg auch hier das Repräsentationsbedürfnis des Kurfürsten seine finanziellen Möglichkeiten.

Geschichte Hervorgegangen ist das Bauwerk aus dem 1715 errichteten *Holländischen Palais*, sein heutiges Aussehen bekam es 1727–37. Seine Pracht verwundert nicht, denn es waren namhafte Baumeister beteiligt: Matthäus Daniel Pöppelmann, Johann Christoph Knöffel, Zacharias Longuelune und Jean de Bodt.

Im Siebenjährigen Krieg wurde das Gebäude als Speicher genutzt. 1786–1945 beherbergte es die Königliche, die spätere *Sächsische Landesbibliothek* [Nr. 56], zeitweise befanden sich hier auch die Münzsammlung, das Antikenkabinett und die Porzellansammlung. Das Bauwerk brannte 1945 aus, nach der Wiederherstellung zogen die Museen für Vorgeschichte und Völkerkunde ein.

Besichtigung Die sandsteinverkleidete vierflügelige Anlage ist einem Schloss ebenbürtig. Über dem ansonsten klassizistischen Gebäude ragen Kupferdächer im japanischen Stil auf. An das von August dem Starken geplante Porzellanschloss erinnert das figurale **Giebelrelief** (1733) von Benjamin Thomae über der Eingangshalle: Asiaten und Europäer überreichen der thronenden ›Saxonia‹

Porzellangefäße. Der rechteckige **Innenhof** ist mit 24 als Chinesen charakterisierten *Hermen* aus Sandstein von Johann Christian Kirchner geschmückt. Sehenswert ist auch das **Treppenhaus** des Stadtflügels mit riesigen asiatischen *Atlanten* an den Aufgängen. Interessant sind außerdem die Säle im Erdgeschoss, die Gottfried Semper 1836 im Stil pompejanischer Wandmalerei ausmalen ließ.

Im Erdgeschoss des Japanischen Palais ist das **Landesmuseum für Vorgeschichte** mit seinen faszinierenden Fundstücken zur Archäologie Europas von vor 250 000 Jahren bis in die frühe Neuzeit zu Hause.

Das 1. Obergeschoss bezog das 1875 als drittes seiner Art in Deutschland gegründete **Staatliche Museum für Völkerkunde** mit über 80 000 Exponaten aus Westafrika, Südamerika, Nord- und Südostasien, Indonesien und Ozeanien. In einem eigenen Saal präsentiert hier auch das **Museum für Tierkunde** in Wechselausstellungen Einblicke in seine Sammlung.

Reizvoll ist auch der barocke **Palaisgarten** auf der Elbseite mit dem bronzenen *Denkmal für König Friedrich August I., den Gerechten* (1843). Der König (1750–1827) wird mit Buch und Zepter in der Haltung des Gelehrten dargestellt. Es ist das erste Monumentalwerk *Ernst Rietschels*, der später mit solch hervorragenden Denkmälern wie dem für Goethe und Schiller in Weimar, für Luther in Worms und Lessing in Braunschweig hervortrat. Die Pläne für das Postament lieferte Gottfried Semper.

Schräg gegenüber, an der westlichen Ecke des Palaisplatzes, steht das klassizistische **Torhaus** (1827–29). Gottlob Friedrich Thormeyer erbaute es anstelle des Weißen oder Leipziger Tores, denn selbst in der nach dem Wiener Kongress von Festungsanlagen entkleideten Stadt erfolgten noch Torkontrollen.

41 Königstraße

Eines der letzten Bauvorhaben Augusts des Starken erstrahlt in neuem Glanz.

Tram 4, 9 bis Palaisplatz und Tram 3, 6, 7, 8 bis Albertplatz

Der Kurfürst selbst gab seinem Oberlandbaumeister Pöppelmann die Anweisungen und Richtlinien für die Gestaltung der 1724–32 angelegten Straße. Sie gilt als das letzte Bauvorhaben, das August der Starke wesentlich beeinflusste, ihren Namen trägt sie also zu Recht. Zu DDR-Zeiten waren die Gebäude zum Abriss freigegeben, zum Glück wurde dieser Beschluss jedoch nie umgesetzt. So konnte in den vergangenen Jahre die gesamte historische Bausubstanz prachtvoll restauriert werden.

Eines der besten Beispiele für ein historisches Gebäude, das unter denkmalpflegerischen Gesichtspunkten wieder hergestellt wurde, ist das Haus **Nr. 5 a**. Benannt ist es nach Philipp Daniel Lippert, Professor an der Kunstakademie und Verwalter der dortigen Antikensammlung, der das Haus 1775 als Alterssitz erworben hatte. Mit seiner Farbigkeit und der zurückhaltend barocken, beinah klassizistischen Fassadengestaltung verbreitet es eine festliche Atmosphäre.

Porzellanschloss – das Japanische Palais, eines der ehrgeizigen Bauprojekte Augusts des Starken, widmet sich heute Vorgeschichte, Völkerkunde und der Tierwelt

August der Starke höchstpersönlich gab den Auftrag zum Bau der Königstraße

Baugeschichtlich wertvoll sind auch die Häuser **Nr. 10** und **Nr. 12**, deren lange Hofanlagen bis zur Rähnitzgasse 25 bzw. 27 führen. Die Häuser **Rähnitzgasse 8** und **10** sind vermutlich die ältesten Gebäude in diesem Bereich, wahrscheinlich wurden bei dem Stadtbrand 1685 nur die Fachwerk-Obergeschosse zerstört, während die massiven Erdgeschosse stehen blieben. Rähnitzgasse 8 ist nach den Akten bereits 1687 wieder aufgebaut worden, Rähnitzgasse 10 – wie über der Haustüre zu lesen – erst 1788.

Durch die Nieritzstraße erreicht man die Theresienstraße, wo an der Ecke zur Robert-Blum-Straße das **Nieritzdenkmal** (1876–78) steht. Die Marmorbüste stammt von Gustav Kietz, einem Schüler von Ernst Rietschel. Der Dresdner Jugendschriftsteller Karl Gustav Nieritz (1795–1876) gehört zu jenen Lieblingen vergangener Tage, die inzwischen in Vergessenheit geraten sind.

42 Hauptstraße

Fußgängerboulevard mit Bürgerhäusern, Blumenbeeten, Plastiken und Brunnen.

Tram 4, 8, 9 bis Neustädter Markt und Tram 3, 6, 7, 8, 11 bis Albertplatz

Die Dresdner lieben die in den Jahren 1974–79 zum Boulevard umgestaltete Hauptstraße der Inneren Neustadt. In der Mitte stehen alte Platanen, die an heißen Sommertagen Schatten spenden, dazwischen liegen Rasenflächen mit Barock-Statuen, Brunnen und Bänken zum Ausruhen. Auf der Westseite stehen die denkmalgeschützten Bürgerhäuser, auf der Ostseite Plattenbauten aus der DDR-Zeit mit zahlreichen Geschäften. Um ihren einst angestrebten Charakter als ›Via triumphalis‹ zu unterstreichen, wurden am Anfang der Hauptstraße, die bis 1990 Straße der Befreiung hieß, 25 m hohe bronzene *Fahnenmastanlagen* mit Balustraden und Ruhebänken aus schwedischem Granit aufgestellt. Sie bilden eine Art Freundschaftsdenkmal, das nach dem Dresden-Besuch von *Kaiser Wilhelm I.* im Jahr 1882 entstand. Als Vorbild dienten Heinrich Epler die 1505 von Alessandro Leopardi geschaffenen Masten auf dem Markusplatz in Venedig.

Besonders geschichtsträchtig ist das *Kügelgenhaus* (Nr. 13) mit dem **Museum der Dresdner Romantik** (Tel. 0351/8044760, www.museen-dresden.de, Mi–So 10–18 Uhr). In dem im 17. Jh. erbauten und 1765–70 umgestalteten Gebäude wohnte ab 1808 der Maler Gerhard von Kügelgen (1772–1820). Bei ihm gingen die Dresdner Frühromantiker ein und aus, prominentester Gast war aber Johann Wolfgang von Goethe. Er beobachtete von einem der Fenster im Jahr 1813 den Einzug des russischen Zaren Alexander und des Preußenkönigs Friedrich Wilhelm III. nach ihrem Sieg über Napoleon in der Völkerschlacht von Leipzig.

Originalgetreu wurde das einstige Atelier Gerhard von Kügelgens nachgebaut

Schönstes Zimmer des Museums ist das detailgenau einem Gemälde Georg Friedrich Kerstings nachgebaute Atelier Kügelgens. In den übrigen Räumen erfährt man viel über Leben und Kunstauffassung der Romantiker um Kügelgen, etwa Christian Gottfried Körners und Caspar David Friedrichs. Nach dem Museumsbesuch sollte man den Blick noch einmal auf die Fassade des Hauses richten. Hoch oben unter der Traufe ist in großen Buchstaben zu lesen: »An Gottes Segen ist alles gelegen«, weshalb Kügelgens Sohn Wilhelm (1802–1867) in seinem Buch ›Jugenderinnerungen eines alten Mannes‹ vom *Gottessegenhaus* schrieb.

Im Haus **Nr. 17** wohnten der Bildhauer *Benjamin Thomae* und sein Schüler und Schwiegersohn *Gottfried Knöffler*. Hinter dem Haus Nr. 19 befindet sich das 1999 wieder eröffnete **Societaetstheater**. Es war bei seiner Gründung 1779 das erste bürgerliche Theater Dresdens. In mehren barocken Bürgerhäusern befindet sich die **Kunsthandwerker-Passage** (Nr. 9–19, www.kunsthandwerkerpassagen.de). Für sie wurden Durchgänge saniert und Innenhöfe freigelegt.

An der Ecke zur Metzer Straße lockt die 1899 eröffnete **Neustädter Markthalle**. Nach der Kriegszerstörung wurde der Gründerzeitbau nur teilweise rekonstruiert, seit Ende der 1990er-Jahre erstrahlt er wieder im alten Glanz und lockt mit allerlei Läden.

43 Dreikönigskirche

Treffpunkt für Gläubige, Musikliebhaber und Tagungsgäste: Ein vielfältig genutzter Kirchenbau.

Hauptstraße 23
0351/8124101
www.hdk-dkk.de
Tram 3, 6, 7, 8 bis Albertplatz

›Sächsische Paulskirche‹ heißt der Sakralbau im Volksmund, denn in der Dreikönigskirche beriet – ähnlich wie die Nationalversammlung 1848 in der Frankfurter Paulskirche – nach der Wende 1990 drei Jahre lang der Sächsische Landtag. Seither trifft sich im auch **Haus der Kirche** genannten Gotteshaus nicht nur die örtliche Gemeinde zum Gebet, es finden auch Konzerte, Tagungen und Ausstellungen statt.

Geschichte Den ersten Kirchenbau von 1404 äscherte der große Stadtbrand 1685 ein. Die Gemeinde ließ die Kirche wieder errichten, ihr Standort passte aber August dem Starken nicht: Das Gotteshaus versperrte ihm den Blick auf die entstehende Allee vom Blockhaus nach Norden zum damaligen Schwarzen Tor. Der Kurfürst ließ die Kirche abreißen und auf Staatskosten etwa 200 m entfernt wieder errichten (1732–39). Der 87,50 m hohe Turm kam erst 1854–57 hinzu. Nach ihrer Zerstörung im Zweiten Weltkrieg wurde die Kirche bis 1990 erneuert. Mangels anderer geeigneter Räumlichkeiten konstituierte sich in ihr am 27. Oktober 1990 der erste Sächsische Landtag nach der Wiedervereinigung.

Besichtigung Die Dreikönigskirche zeigt sich äußerlich so, wie sie einst *George Bähr* und *Matthäus Daniel Pöppelmann* schufen. Das Innere wurde dem heutigen Nutzungszweck angepasst. Im stark verkleinerten Kirchenraum steht der Torso des **Barockaltars** (1741), ein Werk von Benjamin Thomae. 1945 verbrannten nicht nur die Holzteile des Altars, auch der Sandstein spaltete sich. Die Gemeinde entschied, den Altar nicht zu restaurieren, sondern ihn als Kriegsruine und Mahnmal für kommende Generationen zu erhalten. Unter der Orgelempore ist ein wichtiges Kunstwerk der Renaissance angebracht: Das 12,47 m lange und 1,22 m hohe Relief des **Totentanzes** (um 1535) von Christoph Walther I, ursprünglich geschaffen für das Georgentor des Residenzschlosses. Darstellung und Inschriften ermahnen den Betrachter an die Vergänglichkeit des Lebens. Der Tod erscheint als Anführer eines Reigens todgeweihter geistlicher und weltlicher Würdenträger.

44 Albertplatz

TOP TIPP

Sternförmig gehen zehn Straßen von diesem Platz ab, der auch an Erich Kästner erinnert.

Tram 3, 6, 7, 8 bis Albertplatz

Der heutige Verkehrsmittelpunkt der Neustadt, der zu DDR-Zeiten den Namen Platz der Einheit trug, entstand um 1817. Benannt ist der Rundplatz nach König Albert, der Sachsen 1873–1902 regierte. An seiner Nordseite steht – vor den in den 1950er-Jahren errichteten Häusern mit dem ›Café Kästner‹ – das bronzene **Erich Kästner Denkmal** (1987) von Wolf-Eike Kuntsche. Der von den Nationalsozialisten mit Schreibverbot belegte Autor bekennt in seinem Buch ›Als ich noch ein kleiner Junge war‹: »Ich bin ein Deutscher aus Dresden in Sachsen«. Erich Kästner war im nahen Haus Königsbrücker Straße 66 geboren worden. Später wohnte seine Familie in den Häusern Nr. 48 und 38. In seinen Büchern verarbeitete Kästner vielfach Kindheitserlebnisse. So erwähnt er im ersten Kapitel von ›Emil und die Detektive‹ die **Bäckerei Wirth**, die noch heute unter dem Namen *Feinbäckerei Rißmann* in der Königsbrücker Straße 32 existiert. Seit 1999 gibt es am Albertplatz ein weiteres *Kästner-Denkmal*, eine Bronzeskulptur des Ungarn Máthyas Varga: Der Schriftsteller hockt als kleiner Junge auf der Mauer bei der *Villa Augustin*, in deren Garten er einst spielte. In der Villa bietet das **Erich Kästner Museum Dresden** (Antonstr. 1, Tel. 03 51/804 50 86, www.erich-kaestner-museum.de, So–Di 10–18 Uhr, Mi 10–20 Uhr, Do nur für Gruppen) Einblicke in die Welt des Dichters.

Die Grünanlagen des Albertplatzes ziert eine der schönsten Brunnenanlagen (1894) Dresdens, Robert Diez ist der Schöpfer: Auf der Ostseite steht der Brunnen ›**Stille Wasser**‹ und auf der Westseite seit Herbst 1994 – nach der Restaurierung der Kriegsschäden – die Gruppe ›**Stürmische Wogen**‹. Südlich davon, am Übergang zur Hauptstraße, erhebt sich das **Schillerdenkmal** (1913), eine antikisierende Statue aus weißem Marmor von Selmar Werner. Die *Reliefs* an der Innenseite der dazugehörigen Marmorumfriedung zeigen Szenen aus Schillers bekanntesten Werken. An der Ecke zur Königsbrücker Straße steht der **Artesische Brunnen** mit seinem tempelartigen Brunnenhäuschen, dem *Tempietto* (1906) von Hans Erlwein. Das Quellwasser kommt aus einer Tiefe von 243,50 m und wird

Kästners Kindheit in Dresden – Denkmal am Albertplatz für den beliebten Schriftsteller

über eine Rohrleitung vom *Bohrloch* neben dem Hochhaus (zu erkennen an einem kleinen Häuschen mit Pyramidendach) in das Brunnenhaus geleitet. 1928/29 pilgerten viele Dresdner zum Albertplatz, um das erste **Hochhaus** ihrer Stadt zu bestaunen, das im Auftrag der Sächsischen Staatsbank an der Nordwestseite des Platzes in die Höhe wuchs. Das von *Hermann Paulick* in Stahlskelettbauweise errichtete Gebäude hat eine Höhe von 40 m und die für heutige Verhältnisse bescheidene Zahl von elf Geschossen. An der Ecke zur Georgenstraße ist die neobarocke **Villa Eschebach** (1901) des Küchenmöbel-Fabrikanten Eschebach bemerkenswert, die 1945 zerstört wurde und sich seit 1997 in alter Pracht präsentiert.

Nordwestlich vom Albertplatz, am *Schlesischen Platz*, liegt der **Neustädter Bahnhof**, von dem am 1. März 1901 der erste Zug auf die Reise geschickt wurde. Das Empfangsgebäude mit der 143 m langen Bahnhofshalle hat sich bis auf den heutigen Tag nicht verändert. Der mit Sandstein verkleidete schlichte Bau von Osmar Dürichen vereint klassizistische Elemente mit denen des Jugendstils. Erbaut wurde er an einer für die deutsche Eisenbahngeschichte bedeutenden Stelle: Der nahe und partiell erhaltene *Leipziger Bahnhof* (Eisenbahnstraße 1) war Teil der ersten, im Jahr 1839 eröffneten Ferneisenbahnstrecke Deutschlands zwischen Leipzig und Dresden. Seit 2002 befindet sich in der Neustädter Bahnhofshalle ein riesiges *Wandbild* aus 753 Meissener Porzellanplatten. Das 24,50 m lange und 7,70 m hohe Bild zeigt in Form einer Collage 21 Darstellungen von Schlössern, Burgen und Gärten in Sachsen.

Den Artesischen Brunnen am Albertplatz ziert ein eleganter Rundtempel

45 Museum für Sächsische Volkskunst

Zauberhafte sächsische Volkskunsterzeugnisse und eine famose Puppensammlung in einem Renaissancebau der Sonderklasse.

Staatl. Kunstsammlungen Dresden
Köpckestraße 1
Tel. 03 51/491 42 00
www.skd-dresden.de
Di–So 10–18 Uhr
Tram 3, 6, 7, 8, 11 bis Carolaplatz

Das Museum für Sächsische Volkskunst, bei seiner Gründung 1897 eines der ersten seiner Art in Deutschland, gibt Einblick in die reiche volkskünstlerische Tradition Sachsens. Besonders umfangreich ist die Sammlung traditioneller Spielwaren, wunderschöner Pyramiden und Räuchermännchen aus dem Erzgebirge. Prachtvolle Trachten der Sorben begeistern jeden Besucher. Auch farbig dekorierte Möbel und Hausrat aus vorindustrieller Zeit zählen zu den erlesen Ausstellungsstücken. Fasziniert betrachtet man die kunstvollen Erzeugnisse der Schmiede, Drechsler, Gelb- und Zinngießer, der Töpfer und Glasmacher sowie Blaudrucke, Klöppelspitzen und verschiedenartige Stickereien In der Adventszeit erfreut sich die *Weihnachtsausstellung* mit sächsischen Krippen großer Beliebtheit. Auch die *Osterausstellung* ist renommiert.

Bemerkenswert ist auch die großartige **Puppentheatersammlung** (Tel. 03 51/49 14 20 00, www.skd-dresden.de, Di–So 10–18 Uhr). Gezeigt werden historische Marionetten, Handpuppen und Theaterfiguren des Bauhauses bis hin zum Figurentheater der Gegenwart sowie mehrere mechanischer Welttheater des 19. Jh.

Als Heimat dient dem Museum der **Jägerhof**. Kurfürst August ließ den Bau ab 1568 errichten. Von hier brach die Hofgesellschaft damals zur Jagd auf, auch für Feste wurde er im 17. Jh. genutzt. Die Sandsteinskulptur eines Jägers in der Hofkleidung des frühen 17. Jh. vor dem Eingang zum Museum erinnert an die einstige Funktion des Gebäudes. Obwohl drei der einst vier Flügel des Jägerhofs

Am Neustädter Königsufer, im kolossalen ehem. Gesamtministerium an der Carolabrücke, residiert heute Sachsens Ministerpräsident

Ende des 19. Jh. abgerissen wurden, gehört der verbliebene Westteil, ein lang gezogener Bau im Renaissancestil mit drei Treppentürmen, doch zu den bedeutendsten erhaltenen Zeugen dieser Epoche in Dresden.

46 Staatskanzlei
ehem. Gesamtministerium

Von diesem monumentalen Bauwerk am Neustädter Elbufer aus wird Sachsen regiert.

Archivstraße 1
Tram 3, 7, 8 bis Carolaplatz

Am Königsufer, direkt an der Elbe, sowie um den Carolaplatz residieren Sachsens Ministerpräsident, der Chef der Staatskanzlei sowie der Finanz-, der Kultus-, der Justiz- und der Innenminister in historischen Gebäudekomplexen.

Das *ehem. Gesamtministerium*, heute Sitz der **Staatskanzlei**, zeichnet sich durch den breiten *Turmaufbau* aus, von dessen Spitze eine goldene Königskrone weithin leuchtet. Der aufgeblähte Verwaltungsapparat verlangte Ende des 19. Jh. nach Räumlichkeiten. Deshalb entstand 1900–06 am Neustädter Elbufer das mit Sandstein verkleidete Bauwerk mit vier risalitartig vorgezogenen Ecken. Edmund Waldow und Heinrich Tscharmann entwarfen den voluminösen Protzbau des Gesamtministeriums, bei dem sie Elemente des Neobarock und des Jugendstils einsetzten.

Gegenüber erstreckt sich das zweite wuchtige Ministerialbauwerk, das in den Jahren 1890–96 von Otto Wanckel und Otto Reichelt errichtete **Finanzministerium**. Auch heute beherbergt es Sachsens oberste Finanzbehörde sowie das **Kultusministerium**. Den Giebel der Elbseite ziert ein Wandbild mit dem Thema ›Geld‹ (1896) von Historienmaler Anton Dietrich.

Zwischen beiden Bauwerken liegt der **Carolaplatz**, an dem der weltberühmte *Zirkus Sarrasani* sein 1945 ausgebranntes und später abgetragenes Winterhaus hatte, das 4000 Zuschauern Platz bot. In dem Rundbau war im November 1918 die Republik ausgerufen worden. Vom Carolaplatz führt die Albertstraße zum **Staatsarchiv** (1911–15) von Heinrich Koch, einem sachlichen Dreiflügelbau mit großen Glasfensterbahnen.

Die 316 m lange **Albertbrücke** mit Austritten auf den Pfeilerköpfen und einem mit Ornamenten versehenen Geländer aus Gusseisen entstand 1875–77 in Sandstein. Die östlichste der vier Elbbrücken im Zentrum, von Karl Manck projektiert, besitzt 14 Bogen, davon vier Fluss- und jeweils fünf Landbogen.

Der **Staudengarten** elbabwärts wurde ab 1934 als Teil des Königsufers angelegt, seine Zierde bildet der bronzene *Bogenschütze* (1902) von Ernst Moritz Geyger, von dem eine Kopie aus Kupfer im Park von Schloss Sanssouci in Potsdam steht.

Am linken Elbufer um die Innere Altstadt – Gärten, Grafik und die Frau aus Glas

Als Anfang des 19. Jh. die Festungsanlagen fielen, breitete sich Dresden ungehindert aus. Beispielsweise entstand 1835 aus sechs Gemeinden die *Wilsdruffer Vorstadt*. Auf unbebautem Gelände wuchsen Wohnviertel heran, so südlich des späteren Hauptbahnhofes – später kurz **Südstadt** genannt. Dörfer wie Striesen und Strehlen wurden 1892 eingemeindet und bekamen städtisches Aussehen, ebenso wie Plauen, das seit 1903 zu Dresden gehört. Andere Gebiete, so Blasewitz und Tolkewitz, wählten sich Wohlhabende zum Wohnsitz. Hier ließen sie sich ihre Villen errichten. Entlang der Eisenbahnlinie nach Prag entwickelten sich Industriestandorte, dazwischen wuchsen zu DDR-Zeiten große im schlichten Plattenbau errichtete *Wohnsiedlungen*, mit deren Sanierung bald nach der Wiedervereinigung begonnen wurde.

47 Messe Dresden

ehem. Schlachthof

Das Musterbeispiel historischer Industriearchitektur wurde zum Messezentrum.

Schlachthofring
www.messe-dresden.de
Tram 1, 2, 4, 8, 9, 10, 11, 12 und Bus 94 bis Postplatz, dann Bus 75 bis Messe Dresden

Zu Beginn des 20. Jh. war die aus 68 Gebäuden bestehende Anlage Deutschlands modernster und größter **Schlachthof**. 550 Rinder, 2500 Schweine und mehr als 3000 Kälber und Schafe konnten hier täglich geschlachtet werden. International bekannt machte dieses Musterbeispiel historischer deutscher *Industriearchitektur* Kurt Vonneguts Bestseller ›Schlachthof 5‹. Der junge amerikanische Kriegsgefangene Vonnegut hatte in einem Keller des Dresdner Schlachthofes die verheerenden Bombardements vom Februar 1945 überlebt.

Der Architekt Hans Erlwein errichtete die Schlachthof-Gebäude in den Jahren 1906–12 auf einem künstlich aufgeschütteten halbinselfömigen Terrain. Die heute denkmalgeschützten Bauten ließ er mit Jugendstilelementen verzieren. Im Jahr 1945 wurden Teile der Anlage schwer beschädigt, beim Wiederaufbau ließ man dann leider viele historische Details außer Acht. Nachdem Volkswagen seine Gläserne Manufaktur [Nr. 61] am bisherigen Messestandort Straßburger Platz errichtet hatte, wurde das einstige Schlachthofgelände zum Domizil der im September 1999 eröffneten **Messe Dresden**. Die alten Gebäude wurden durch moderne Bauten ergänzt, für die der Dresdner Architekt Walter Kaplan verantwortlich zeichnete, darunter ist die neue Messehalle 1 von 2001, die auch für kulturelle Veranstaltungen genutzt wird.

Die Messe liegt im **Großen Ostragehege**, dessen Name aus dem Altsorbischen stammt und Flussinsel bedeutet. Ende des 17. Jh. diente das Gebiet August dem Starken als Wildpark und Jagdgehege. Wie es damals hier aussah, hat Caspar David Friedrich in seinem Gemälde ›Das Große Gehege bei Dresden‹ (1832) dokumentiert, das in der Galerie Neue Meister [Nr. 23] hängt.

Der nahe **Ostra Sportpark** mit Stadion und Eissporthalle entstand 1968–72. Weiter westlich befindet sich der **Elbhafen** (1890–95), der mit einer Länge von 1110 m zu den größten deutschen Binnenhäfen gehört. Und südwestlich von hier trifft man im Stadtteil Cotta auf die **Heilandskirche**, einen monumentalen Zentralbau (1914–27) von Rudolf Kolbe.

48 Zigarettenfabrik Yenidze

Ein Industriedenkmal und Dresdens originellstes Wahrzeichen.

Magdeburger Straße
www.kuppelrestaurant.de
Tram 10 und Bus 75 bis Heinz-Steyer-Stadion

Kurz vor der Marienbrücke, unmittelbar an der Eisenbahnlinie, verbreitet die frühere Zigarettenfabrik Yenidze (1909–12) orientalisches Flair. Benannt wurde sie nach einem nordgriechischen, damals noch türkischen Tabakbauerndorf. Zigarettenfabrikant Hugo Zietz hatte die pfiffige Idee, seinen Fabrikneubau in Form einer *Moschee* und den Schornstein als *Minarett* zu gestalten. Der Grund dafür waren die Bauvorschriften, die verboten, Industrieanlagen mit hohen Schornsteinen zu errichten, welche die Silhouette der Kunst- und Residenzstadt Dresden verschandelt hätten. Das Bauwerk erinnert an jene Zeit, als Dresden das Mekka der deutschen Zigarettenindustrie war. 1862 war hier die erste Zigarettenfabrik Deutschlands gegründet worden.

Die Anlage ist einer der frühesten *Stahlskelettbauten*, die bemerkenswerte *Fassade* hat Architekt Martin Hammitzsch lediglich vorgeblendet. Die orientalische **Glaskuppel** mit 17 m Durchmesser ließ er vielfarbig verglasen. Nach der Zerstörung im Zweiten Weltkrieg erhielt die Kuppel nur eine einfarbige Verglasung. 1996 konnte die nach denkmalpflegerischen Grundsätzen erfolgte Restaurierung beendet werden, die Glaskuppel bekam ihre Vielfarbigkeit zurück und wird nachts von innen beleuchtet. Die Yenidze dient heute u. a. als Veranstaltungsort, in der Kuppel befindet sich ein Restaurant.

49 Alter Katholischer Friedhof

Sachsens bedeutendster katholischer Gottesacker.

Friedrichstraße 54
Tram 10 und Bus 94 bis Krankenhaus Friedrichstadt

Auf dem 1720 angelegten Alten Katholischen Friedhof mit seinen im Stil des Barock, Rokoko oder Klassizismus gestalteten Grabmälern fanden viele Berühmtheiten ihre letzte Ruhestätte, deren Namen eng mit Dresden verbunden sind, unter ihnen der Bildhauer Balthasar Permoser (1651–1732), die Maler Gerhard von Kügelgen (1772–1820) und Giovanni Battista Casanova (1728–1795), Bruder des bekannten Abenteurers. Begraben wurden hier auch Feldmarschall Johann Georg Chevalier de Saxe (1704–1774), der Sohn

Inkognito: Die Zigarettenfabrik Yenidze (1909–12) tarnte sich als Moschee

Augusts des Starken und seiner Mätresse Ursula Catharina Fürstin von Lubomirska. Ebenso fand auf diesem Friedhof Johann Georg von Sachsen (1869–1938), Bruder des letzten sächsischen Königs, seine letzte Ruhestätte. Das Grabmal für *Carl Maria von Weber*, welches sich hinter der Friedhofskapelle befindet, schuf Gottfried Semper. Der Komponist musste wenige Wochen nach der Uraufführung seiner Oper ›Oberon‹ 1826 in London den Taktstock für immer aus der Hand legen. Sein Tuberkuloseleiden hatte ihn, erst 40 Jahre alt, besiegt. 18 Jahre später wurde seine sterbliche Hülle auf Veranlassung Richard Wagners von England nach Dresden überführt. *Permosers* selbstgeschaffenes Grabmal steht in der Friedhofskapelle und kann leider nicht besichtigt werden.

Ganz in der Nähe, im Haus **Friedrichstraße 46**, wohnte 1842–70 Johann Andreas Schubert, Konstrukteur der ersten Elbe-Personendampfschiffe. 1843–48 lebte dort August Röckel, Musikdirektor der Hofoper. Röckel musste seine Teilnahme an der Revolution 1848/49 hart büßen, er verbrachte 13 Jahre Haft auf der Festung Königstein sowie im Zuchthaus Waldheim. Im Nachbarhaus **Nr. 44** kam 1803 Adrian Ludwig Richter zur Welt, Zeichenlehrer der Meissener Porzellanmanufaktur und Professor an der Dresdner Kunstakademie. Richter war schon zu Lebzeiten so angesehen, dass er im berühmten Fürstenzug [Nr. 30] verewigt wurde. Auf dem nahen **Neuen Katholischen Friedhof** an der Bremer Straße wurde er 1884 beigesetzt.

50 Palais Brühl-Marcolini

Zwei Dresdner Politiker gaben dem Palais das Aussehen und ihre Namen.

Friedrichstraße 41
Tram 10 und Bus 94 bis Krankenhaus Friedrichstadt

Schon Napoleon und Richard Wagner scheint das Palais gefallen zu haben, sonst hätten sie wohl kaum hier gewohnt. Der Franzose quartierte sich im Sommer 1813 im *Chinesischen Zimmer* ein, Richard Wagner wohnte 1847–49 im zweiten Stock des Ostflügels. Benannt ist das 1727 entstandene Palais nach seinen beiden Bauherren, die Sachsens Politik mitbestimmten: *Heinrich Graf von Brühl* (1700–1763), Premierminister von Kurfürst Friedrich August II., und *Graf Camillo von Marcolini* (1739–1814), Kabinettsminister von König Friedrich August I. Der italienische Graf erwarb 1774 das dreiflügelige barocke Palais mit der imposanten Länge von 200 m und ließ es durch Johann Daniel Schade klassizistisch um- und ausbauen. 1845 kaufte es die Stadtverwaltung und richtete darin ein Hospital ein, das heutige **Krankenhaus Friedrichstadt**. Seitdem erfolgten zahlreiche Veränderungen.

An der südlichen Umfassungsmauer (innerhalb des Krankenhausgeländes) sieht man den schönen barocken **Neptunbrunnen** (1741–44). Mit einer Breite von über 40 m und reichem figuralen Schmuck stellt er die bedeutendste Brunnenanlage Dresdens dar. Den Entwurf für die Sandsteinarbeit fertigte Zacharias Longuelune, die bildhauerischen Arbeiten stammen von Lorenzo Mattielli.

Neben dem Palais Brühl-Marcolini hat Oberlandbaumeister Matthäus Daniel Pöppelmann die schlichte **Matthäuskirche** (1728–30) erbaut, in deren Gruft er 1736 beigesetzt wurde. Die 1945 ausgebrannte Kirche bekam 1978 eine moderne Innenausstattung. Hinter dem Gotteshaus findet man den 1725 angelegten **Inneren Matthäusfriedhof**, der evangelische Gottesacker der Friedrichstadt. Hier liegen illustre Persönlichkeiten wie der Professor der Technischen Bildungsanstalt, Johann Andreas Schubert (1808–1870), oder Wilhelm Walther (1826–1913), der Schöpfer des Fürstenzuges, begraben.

51 World Trade Center

Modernes Handels-, Büro- und Kommunikationszentrum mit glasüberdachter Einkaufsstraße.

Freiberger-, Ammon-, Materni- und Rosenstraße
Tram 7, 12 bis Freibergerstraße

Büros und ein Festsaal, zahlreiche Einkaufsmöglichkeiten, ein Theater, die zentrale Stadtbibliothek, ein 235-Zimmer-Hotel und verschiedene gastronomische Einrichtungen – all das bietet das moderne, im Jahr 1996 fertig gestellte World Trade Center (WTC). Die Entwürfe für den Gebäudekomplex mit hübschen, gartenarchitektonisch gestalteten Innenhöfen und Außenanlagen stammen von den Architekten Wolfgang Nietz, Alf M. Prasch und Peter Sigl.

Die Innenwelt der Außenwelt – das Dresdner World Trade Center lädt mit seiner begrünten Mall zum Flanieren und zum Shopping ein

Die sechs- bis neungeschossigen Gebäudetrakte mit *Sandsteinfassaden* und vielen verglasten Segmenten werden überragt von einem sechzehngeschossigen **Turm**. Er hat eine Höhe von 53 m, der Durchmesser beträgt 28 m. Architektonisches Kernstück des Centers ist die **Mall**, eine glasüberdachte 120 m lange und 23 m hohe Einkaufsstraße, die als *Erlebnis- und Entspannungszone* konzipiert wurde. Die Tiefgarage hat Raum für 1000 Autos.

Das World Trade Center bietet Büro-Service modernster Art. Die Dresdner WTC-Einrichtung ist eine von über 240 regionalen Zentren in 62 Ländern, die im WTC-Netzwerk organisiert sind.

52 Annenkirche

Ähnlichkeiten mit der Frauen-, der Kreuz- und der Dreikönigskirche sind nicht zufällig.

Annenstraße
Tram 12 bis Alfred-Althus-Straße

Die Annenkirche weist architektonische Parallelen zur Kreuzkirche auf. Aber auch Ähnlichkeiten mit der Frauen- und der Dreikönigskirche von George Bähr sind zu erkennen. Der Grund für diese stilistische Verwandtschaft: Der Baumeister Johann Georg Schmid, welcher den Neubau der Annenkirche übernahm, war Schüler von George Bähr.

Geschichte Als erster evangelischer Kirchenneubau Dresdens wurde die Annenkirche 1578 geweiht. Im Siebenjährigen Krieg zerstörten preußische Truppen den Sakralbau völlig, der Wiederaufbau erfolgte 1764–69 zeitgleich mit dem der Kreuzkirche. 1945 erlitt die Annenkirche schwere Schäden, konnte aber bereits fünf Jahre später wieder für Gottesdienste genutzt werden. Die ebenfalls kriegszerstörte Haube wurde dem Turm erst 1997 wieder aufgesetzt.

Besichtigung Die spätbarocke Kirche besitzt einen rechteckigen Grundriss mit *Treppenanlagen* in den Ecken. Die zwölf mit Rundbogen verbundenen Pfeiler bilden ein von dreigeschossigen Emporen umgebenes Oval. Der 57 m hohe **Turm** ist der einzige in Dresden, der sich im klassizistischen Stil präsentiert. Er wurde 1822–24 nach Plänen von Gottlob Friedrich Thormeyer errichtet. Benannt wurde der Sakralbau nach der Kurfürstin Anna, Gemahlin von Kurfürst August.

53 Prager Straße

Ein auf dem Reißbrett konzipiertes großflächiges Bauensemble.

Tram 3, 7, 8, 9, 10, 11 und S1, S2, S3 bis Dresden Hauptbahnhof

Die alte Prager Straße, 1851 als Verbindung zwischen Altmarkt und Wiener Platz angelegt, entwickelte sich nach 1880 zur belebtesten und glanzvollsten Straße Dresdens. Dutzende von Geschäften, Kaufhäusern, Cafés, Varietés, Kinos flankierten Dresdens prachtvolle Flaniermeile. Bei der Bombardierung im Februar 1945 wurde jedes Haus zerstört – und keines wieder errichtet. Anstelle der vor dem Krieg nur 14–17 m breiten Straßenschlucht schuf man ab 1965 ein weiträumiges städtebauliches Ensemble.

Dresden-Besucher, die mit der Bahn anreisen, treffen gleich auf die am **Hauptbahnhof** beginnende Prager Straße. Für manche ist dieser erste Eindruck eine Art Schock, weil das Bauensemble so gar nicht zum Bild von Dresden als ›Elbflorenz‹ passt.

Warenwelt einst und jetzt – trotz der funktionalen Strenge ihrer modernen Architektur ist die im Zweiten Weltkrieg zerstörte Prager Straße, Dresdens Flaniermeile, auch heute wieder heißgeliebt wegen ihres Einkaufs- und Unterhaltungsangebots

Der Bahnhof (1892–95) selbst von Ernst Giese und Paul Weidner, Kopf- und Durchgangsbahnhof zugleich, wurde 2001–05 umgebaut. Den Entwurf dafür lieferte der englische Stararchitekt Sir Norman Foster. Nun besitzt der Hauptbahnhof wieder die seit 1945 nicht mehr vorhanden gewesene gläserne Kuppel.

Auf der von der Prager Straße abgewandten Seite des Hauptbahnhofs steht am Friedrich-List-Platz der **Maria-Gey-Heinze-Brunnen** von 1911. Er wird meist als *Aphrodite-Brunnen* bezeichnet. Georg Wrba, Professor an der Kunstakademie, stellte hier die griechische Göttin der Liebe auf einer Muschel balancierend dar. Gestiftet wurde das Werk von dem Arzt Dr. Heinze in Erinnerung an seine früh verstorbene Ehefrau. Sie war eine der ersten Kunststudentinnen Dresdens.

Eine kleine unterirdische Einkaufspassage leitet die Besucher vom Bahnhof zur Prager Straße. Der **Wiener Platz**, der den Hauptbahnhof oberirdisch mit ihr verbindet, ist der zentrale Verkehrsknotenpunkt Dresdens. Auf verschieden hoch angelegten Ebenen vereint er Zug-, Tram-, S-Bahn- und Autoverkehr. Gegenwärtig finden an dem Platz umfangreiche Bauarbeiten statt. Fertig gestellt ist bereits das zwischen zwei Würfelhäusern errichtete gläserne **Kugelhaus**, dem als Vorbild ein ähnliches Haus diente, das von 1928 bis 1938 am heutigen Straßburger Platz stand und das erste runde Bauwerk der Welt war.

Bis 1992 wachte das monumentale, 120 t schwere *Lenindenkmal* (1974) – im Volksmund der Rote Bahnhofsvorsteher – des russischen Bildhauers Jastrebenetzki über den Wiener Platz. Die Stadt Dresden schenkte es einem Gundelfingener Grabsteinfabrikanten, um die Kosten für Abriss und Abtransport zu sparen.

An der **Prager Straße** selbst fallen als erstes die drei elfstöckigen *Hotels* (1967–69, Nr. 5, 9, 13) der Ibis-Gruppe auf. Die von den Architekten Manfred Arlt, Kurt Haller und Karl Heinz Schulze entworfenen Bauten tragen – trotz ihrer eher plattenbauartigen und wenig ansprechenden Bauweise – die Namen besonders schöner sächsischer Orte: *Bastei* (Nr. 5) *Königstein* (Nr. 9) und *Lilienstein* (Nr. 13). In Höhe des Hotels *Bastei* sind zur Erinnerung an den Beginn der friedlichen Revolution in der DDR im Herbst 1989 Granitplatten mit dem Schriftzug ›8. Oktober 1989‹ eingesetzt. An diesem Tag hatte sich eine Gruppe Bürgerrechtler zusammengeschlossen.

Auf der gegenüberliegenden Straßenseite, dort, wo bis 1945 das seinerzeit exklusive Hotel ›Europäischer Hof‹ stand, erhebt sich das vierzehngeschossige *Mercure Hotel Newa Dresden* (1968–70) von Claus Kayser, das 2003 eine moderne Glasfassade bekam.

Zu den nach der Einheit errichteten Bauten der Prager Straße gehört die 1995 eröffnete *Karstadt*-Filiale (Nr. 12). Der allgemein nur **Rundkino** (1970–72, Tel. 03 51/ 484 39 22, www.cinemagnum.de) genannte Bau des *Cinemagnum* einige Meter weiter hat einen Durchmesser von 50 m und eine Höhe von 20 m. Er stammt von Gerhard Landgraf und Waltraud Heischkel. Das Dach wird von einer Seilnetzkonstruktion getragen – eine Technik, die damals erstmals in Ostdeutschland angewandt wurde. Hier werden IMAX- und 3D-Filme gezeigt. 1997/98 entstand dahinter der **Ufa-Kristallpalast**, der wegen seines prismatisch gestalteten Stahl-Glas-Foyers Aufsehen erregte.

Gegenüber des Rundkinos wird bis 2009 ein weiteres megalomanes Shoppingcenter, die Centrum-Galerie, für die Dresdner Innenstadt errichtet, dessen Verkaufsfläche von 40 000 m² alles in Dresden bisher dagewesene in den Schatten stellen soll.

54 Technische Universität

Die Gebäude der bedeutenden Lehr- und Forschungsstätte bilden einen kleinen Stadtteil für sich.

Mommsenstraße 13
www.tu-dresden.de
Bus 72, 76 bis Mommsenstraße

Mit über 30 000 Studenten ist Dresdens Technische Universität die größte akademische Lehreinrichtung in Sachsen. Viele Gebäude tragen die Namen bedeutender Wissenschaftler. Jüngstes Kind der Uni ist die *Medizinische Fakultät*, die nach der Wiedervereinigung Deutschlands aus der Medizinischen Akademie Carl Gustav Carus hervorging. Die 1828 gegründete Technische Bildungsanstalt wurde 1873 Polytechnikum, 1890 Technische Hochschule und 1961 Universität. Die Gebäude entstanden fast alle zwischen 1900 und 1926. Wahrzeichen der Uni ist der 40 m hohe **Beyer-Bau** (1910–13) mit dem markanten Observatoriumsturm von Martin Dülfer an der George-Bähr-Straße. Der Professor an der Technischen Hochschule wählte für die Gestaltung des Gebäudes die für Dresden seltene Klinkerbauweise. Zum Universitätsgebäude gehört auch das turmgekrönte ehem. **Landgericht** (1902-07) von Oskar Kramer mit der **Gedenkstätte Münchner Platz Dresden** (Georg-Bähr-Str. 7, Tel. 03 51/46 33 19 90, www.stsg.de, Mo–Fr 10–16 Uhr). Dort richteten die Nationalsozialisten 1933–45 mehr als 1300 Menschen durch das Fallbeil hin. Im *Richthof* erinnert ein 1962 enthülltes Bronzedenkmal von Arndt Wittig an die dort hingerichteten Opfer des NS-Regimes.

Nach 1945 diente der Ort wieder als Hinrichtungsstätte, bis 1952 vor allem für nationalsozialistische Täter, danach bis 1956 als zentrale Richtungsstätte der DDR auch für tatsächliche oder vermeintliche Gegner des SED-Regimes. An die 1945–56 unschuldig Verurteilten gemahnt eine Plastik Wieland Försters (*1930) im Nordosthof des Landgerichts.

Ob in London oder Dresden, schief ist schick, das zeigt auch der Ufa-Filmpalast

Südlich der Universität, zwischen Räcknitzhöhe und Bergstraße, trifft man auf das schlichte **Moreau-Denkmal**. An dieser Stelle wurde während der Befreiungskriege 1813 General Jean Victor Moreau tödlich verwundet. Bereits ein Jahr später enthüllte man das von Gottlob Friedrich Thormeyer entworfene Denkmal, das bedeutendste des *Klassizismus* in Dresden. Auf einem Steinwürfel mit einer quadratischen Deckplatte liegen Schwert, Lorbeerkranz und ein griechischer Helm. Der Franzose Moreau kämpfte als militärischer Ratgeber des Zaren Alexander I. gegen Napoleon. Südwestlich vom Denkmal, auf der Franzenshöhe, kann man den Anfang des 20. Jh. errichteten **Bismarckturm** von Wilhelm Kreis sehen.

Weiter nördlich an der Chemnitzer Straße liegt der **Alte Annenfriedhof** mit der beachtenswerten *Bronzefigur der Kurfürstin Anna* (1869). Robert Henze gestaltete die überlebensgroße Statue der Gemahlin des 1553–86 regierenden Kurfürsten August für den Denkmalbrunnen vor der Annenkirche. Nach 1945 wurde die Plastik an den jetzigen Standort neben der Trauerhalle gebracht.

Architektur vom Professor persönlich – der Beyer-Bau der Technischen Universität

Westlich der Uni, Reckstraße/Ecke Altplauen, steht die von William Lossow und Hermann Viehweger 1901/02 um das dreifache vergrößerte **Auferstehungskirche** (www.auferstehungskirche-dresden.de, April–Okt. Di/Mi/Do 11–15 Uhr). Die beiden Architekten gestalteten sie äußerlch im Neorenaissancestil. Im vom Jugendstil geprägten Innenraum sind die tonnengewölbten *Holzdecken* sehenswert.

55 Russisch-orthodoxe Kirche

Fünf Zwiebeltürmchen – wie bei den altrussischen Kirchen üblich – prägen das Aussehen dieses Gebäudes.

Fritz-Löffler-Straße 19
Tram 3, 8, 11 und Bus 72, 76 bis Reichenbachstraße

In den Farben Gold und Grün leuchten die fünf Zwiebeltürmchen, die der Kirche zusammen mit dem Glockenturm ein fremdländisches Aussehen verleihen: Das Gotteshaus wurde 1872–74 im altrussischen Stil für die am sächsischen Königshof akkreditierte russische Gesandtschaft erbaut. Harald von Bosse, der russische Staatsrat deutscher Herkunft, und Karl Weißbach lieferten die Entwürfe. Im *Innenraum* trennt eine 10 m breite Ikonostase aus Marmor den Gebets- vom Altarraum. Die meisten der Ikonen schuf James Marshall. Die Kirche gehört heute zum Moskauer Patriarchat.

Für Architekturfreunde empfiehlt sich ein Abstecher westwärts in die Leubnitzer Straße 28 zur **Möckel-Villa** (1877/78). Gotthelf Ludwig Möckel hat während seines zehnjährigen Wirkens in Dresden u. a. die Kirche in Briesnitz (unweit der Autobahnanschlussstelle Dresden-Altstadt) 1881 im neogotischen Stil umgestaltet. Auch seine – Anfang 1995 sorgfältig restaurierte – Villa erbaute er im Stil der Neogotik. Die letzten drei Lebensjahrzehnte wohnte Möckel in Bad Doberan (westlich von Rostock), dort war er Hofbaumeister des Schweriner Herzoghauses.

Südöstlich der Russisch-orthodoxen Kirche, am Lukasplatz, steht die **Lukaskirche** (1898–1903), die Georg Weidenbach im Neorenaissancestil gestaltete. Die kriegszerstörte Kirche wurde 1963–72 wieder aufgebaut. Die Akustik ist so hervorragend, dass in ihr auch Aufnahmen mit der Staatskapelle und der Philharmonie für Tonträger gemacht werden.

In der Schatzkammer des Buchmuseums sind erlesene bibliophile Kostbarkeiten zu sehen

56 Buchmuseum der Sächsischen Staatsbibliothek

Kostbarkeiten aus mehr als einem Jahrtausend Buchgeschichte.

Zellescher Weg 18
Tel. 03 51/467 75 80
www.slub-dresden.de
Mo–Fr 10–17, Führungen Sa 14 Uhr
Tram 3 oder 8, 11 bis Nürnberger Platz und Bus 89 bis Staats- und Universitätsbibliothek

Die Schätze des Buchmuseums begann Kurfürst August bereits 1556 zusammenzutragen. Was zunächst nur als Bibliothek für seinen Privatgebrauch und zur Ausbildung seiner Nachkommen gedacht war, schwoll in den folgenden Jahren rasch an. Auch August der Große investierte große Summen in den Ankauf wertvoller Bücher. Seit ihrem Einzug ins Japanische Palais im Jahr 1788 war die fürstliche Bibliothek auch der Öffentlichkeit zugänglich. Schon ab 1835 stellte man die kostbarsten Stücke in einer besonderen Schatzkammer aus, um sie vor schädlichen Umwelteinflüssen zu schützen.

Das Buchmuseum kann also auf eine lange Tradition zurückblicken. Untergebracht ist es heute im 2003 eröffneten, von Ortner & Ortner entworfenen kubischen Hauptgebäude der *Sächsischen Staatsbibliothek – Staats- und Universitätsbibliothek (SLUB)*. Es bietet einen Überblick über 1000 Jahre Buchgeschichte, mittelalterliche Handschriften sind ebenso zu sehen wie Inkunabeln und Stadtansichten des 17. Jh. Zu den Höhepunkten der Sammlung gehören ein Skizzenbuch von *Albrecht Dürer* und die autographen Vorlesungsmanuskripte über die Psalmen, die *Martin Luther* 1513–16 in Wittenberg niederschrieb. Der 1457 gedruckte *Mainzer Psalter*, der erste Dreifarbdruck der Welt, steht an Seltenheit und Wert der *Gutenberg-Bibel* nicht nach. Bedeutend ist auch der *Codex Boenerianus*, eine Pergament-Handschrift aus dem 9. Jh. Als wertvollstes Stück der Sammlung gilt die *Maya-Handschrift* (13. Jh.) – das umfangreichste der drei weltweit existierenden Exemplare. Sie zeigt auf übertünchten Feigenbaumfasern Bilder von Göttern, Zahlzeichen und Hieroglyphen. Die Handschrift aus der nachklassischen Zeit der Mayakultur, bekannt geworden als *›Codex Dresdensis‹*, konnte bislang nur teilweise entziffert werden.

Da das Buchmuseum auf einen Bestand von über 800 *Wiegendrucke* aus dem 15. Jh. sowie etwa 950 orientalische und asiatische Handschriften sowie eine der ältesten und umfangreichsten *Kartensammlung* Deutschland mit über 126 000 Karten und Einzelblättern zurückgreifen kann, sind auch die regelmäßigen Sonderausstellungen immer einen Besuch wert.

Die **Sächsische Staatsbibliothek** selbst verfügt über den viertgrößten Buchbestand in Deutschland und besitzt mehr als 7 Mio. Medien, darunter 4,3 Mio. Bücher und Zeitschriften. Renommiert ist insbesondere die Architekturbibliothek, die Deutsche Fotothek verwahrt einen Schatz von fast 1,7 Mio. Motiven.

57 Christuskirche

Die 66 m hohe Doppelturmfront des Jugendstilbaus prägt weithin das Bild des Stadtteils Strehlen.

Brandströmstraße 1
www.christuskirche-dresden.de
Ostern–Sept. tgl. 17–18 Uhr
Tram 9, 13 bis Wasaplatz,
S1 bis Dresden Strehlen

Die Christuskirche (1903–05) im Stadtteil Strehlen ist für Freunde des Jugendstils eine Augenweide. Und sie gilt als Dresdens formenreinstes Werk dieses Baustils. Weithin sind die schlanken *Türme* des auf einer Anhöhe stehenden Sakralbaus zu sehen, den Rudolf Schilling und Julius Gräbner aus Sandstein errichteten. 1894 hatten sich die protestantischen Kirchen in Eisenach von einem 1861 gefassten Beschluss gelöst, der vorschrieb, Neubauten nur im romanischen oder gotischen Stil zu errichten. Die Christuskirche war damals der erste große protestantische Kirchenbau in Deutschland, der ohne historisierende Formen entstand. Die kostbare Jugendstilausstattung ging durch den Krieg verloren.

Ein besonders bemerkenswertes Kleinod stellt der 1907 enthüllte **Mozartbrunnen** mit den drei vergoldeten Bronzeskulpturen, Personfikationen von Anmut, Heiterkeit und Ernst, dar. Der Mozartverein hatte um die Wende 19./20. Jh. zu einem Wettbewerb aufgerufen, bei dem der Berliner Bildhauer Hermann Hosaeus mit seinem Entwurf den ersten Platz belegte. Im nahe gelegenen Rondell hat die grazile Marmorgruppse ›**Venus und Amor**‹ (1886) von Theodor Heinrich Bäumer ihren Platz. Im Zentrum des Parks trifft man auf die Bronzegruppe ›**Zwei Mütter**‹ (1899–1902) von Heinrich Epler. Der Professor an der Kunstakademie modellierte eine Tigerin und eine Frau, die beide um das von Wasserfluten bedrohte Leben ihrer Kinder ringen. Unweit steht die von Arnold Kramer aus weißem Marmor gehauene **Otto-Ludwig-Büste** (1901). Sie zeigt den Dichter, der von 1849 bis zu seinem Tod 1863 in Dresden lebte, überlebensgroß auf einer schlanken Stele. Ebenfalls aus weißem Marmor fertigte Bruno Fischer den *Nymphenbrunnen* (1908).

58 Panometer Dresden

Eine Zeitreise in das barocke Dresden von 1756.

Gasanstaltstr. 8 b
Di–Fr 9–19, Sa/So 10–20 Uhr
www.asisi-factory.de
Bus 89 bis Nätherstraße, S-Bahn bis Bahnhof Reick

In Gedanken stehen die Besucher des Panometers auf dem Turm der Hofkirche, von dem sich der Blick weit über die Dächer und Plätze Dresdens bis Radebeul und der Festung Königstein am Horizont öffnet. In der Realität blickt man auf ein 360-Grad-Panoramabild von 105 x 27 Meter Größe. Es zeigt das barocke Dresden des Jahres 1756 mit seinen prunkvollen Bauwerken und emsig tätigen Menschen, man hört Pferde trappeln und einen Hund bellen. Tages- wechselt zu Nachtbeleuchtung, dann verstummen die Geräusche des Tages und Eulen rufen.

Zu sehen ist das außerordentlich detailfreudige Gemälde des Berliner Architekten und Künstlers Yadegar Asisi in einem ausgedienten Gasspeicher in Reick. Das 23 m hohe zylinderförmigen Industriedenkmal stammt von 1879/80. Das von Hans Erlwein erbaute **Gasometer** (1907/08) nebenan ist sogar 67 m hoch und hat einen Durchmesser von 60 m.

59 Bürgerwiese

TOP TIPP

Dresdens älteste Grünanlage schmücken zahlreiche Skulpturen.

Zwischen Georgplatz und Großem Garten
Tram 9, 10, 11, 13 und Bus 75 bis Lennèplatz

Die lang gestreckte Bürgerwiese, 1469 erstmals genannt, gehört zu den bedeutendsten Gartenanlagen im englischen Stil in Dresden. Den äußeren Teil der Bürgerwiese gestaltete 1858–63 *Peter Joseph Lenné* (1789–1866), der berühmteste Gartenkünstler des 19. Jh., der vor allem im Potsdamer Schloss Sanssouci seine Handschrift hinterlassen hat. Von den Villen, die den Park einst umsäumten, hat keine den Zweiten Weltkrieg überstanden.

60 Deutsches Hygiene-Museum Dresden

TOP TIPP *Einzigartig in Europa: ein Museum, in dem der Mensch im Mittelpunkt steht.*

Lingnerplatz 1
Tel. 03 51/484 64 00,
www.dhmd.de
Di–So, Fei 10–18 Uhr
Tram 10, 13 bis Großer Garten/Hygiene-Museum und Tram 1, 2, 4, 12 bis Deutsches Hygiene-Museum

Seit bald 100 Jahren beschäftigt sich das Deutsche Hygiene-Museum mit dem **Menschen**. So ehrgeizig dieser Anspruch auch ist – in seiner Dauerausstellung aus sieben Themenbereichen werden die Ausstellungsmacher ihm mehr als gerecht.

Gegründet wurde das Deutsche Hygiene-Museum auf Betreiben Karl August Lingners, eines Dresdener Pharmazie-Großindustriellen, der mit der Produktion des Odol-Mundwassers zu Wohlstand gekommen war. Nach der **I. Internationalen Hygiene-Ausstellung** im Jahr 1911 in Dresden, die mit mehr als 5 Mio. Besuchern ein überwältigender Erfolg war, regte er die Errichtung eines Nationalen Hygiene-Museums an. 1912 wurden die Lehrwerkstätten des Deutschen Hygiene-Museums gegründet und die ständige Ausstellung ›Der Mensch‹ eröffnet. 1930 konnte der von Wilhelm Kreis im Stil der Neuen Sachlichkeit entworfene Neubau bezogen werden. Das folgende Jahrzehnt brachte die düsterste Zeit des Hauses, da es sich voll in den Dienst des nationalsozialistischen Rassenwahns stellte.

Die heutige Ausstellung ist natürlich nicht mehr mit jener der 1920er- oder gar 30er-Jahre zu vergleichen. In seinen sieben Ausstellungbereichen präsentiert es vielmehr äußerst anregend den aktuellen Stand der naturwissenschaftlichen und soziologischen Forschung über den *Homo Sapiens*.

Der erste Raum zeigt den *Gläsernen Menschen*: Plastinate und Modelle laden zum Studium von Herz, Niere oder Gehirn. Auch die Suche nach dem ›idealen‹ Körper – und deren Auswüchsen – wird thematisiert. Es folgt der Raum *Leben und Sterben*: Von der Zeugung über die Geburt bis zum Tod verdeutlichen viele Schaustücke die Prozesse und Veränderungen im menschlichen Körper. Mithilfe trickreicher Apparate können Ausstellungsbesucher am eigenen Leib erfahren, was es heißt, älter zu werden.

Die ›Gläserne Frau‹ ist eine viel bestaunte Attraktion im Deutschen Hygiene-Museum Dresden

Der Raum *Essen und Trinken* macht mit dem vertraut, was Leib und Seele zusammenhält. Es geht um Geschmack, die Verwertung der Nahrungsmittel durch den Körper und die Industrialisierung der Nahrungsmittelproduktion. Sodann kommen die *Sexualität* und der Umgang mit ihr zur Sprache. Auch die Folgen der Reproduktionsmedizin werden analysiert. Raum 5 macht mit *Erinnern, Denken, Lernen* vertraut. Wie funktioniert unser Gehirn? Wie verarbeitet es all die Informationen, die ständig über die Sinnesorgane auf es einprasseln? Anschließend kommt *Bewegung* in die Ausstellung: Körpersprache, Bewegungsabläufe und die Möglichkeiten, den Verlust von Gliedmaßen zu kompensieren, werden gezeigt. Im abschließenden Raum 7 dreht sich alles um *Schönheit, Haut und Haar*. Ein **Kindermuseum** schließlich hat mit zahlreichen interaktiven Stationen und Experimenten die Entdeckung der fünf Sinne zum Ziel.

Die 4 m hohe Skulptur ›**Ballwerfer**‹ (1907) vor dem Museum stammt von Richard Daniel Fabricius. Eine bewegte Geschichte hat die seit 2006 im Innenhof des Museums stehende Bronzeplastik der ›**Hygieia**‹. Die 3,30 m hohe und 450 kg schwere Skulptur von Karl Albiker wurde 1930 im kleinen Ehrenhof des Museums aufgestellt. 1945 während des Bomben-

Dresden ist um eine Attraktion reicher. Die Gläserne Manufaktur von VW ist zugleich Produktionsstätte **(unten)** *von Luxusfahrzeugen und informatives Kulturzentrum*

angriffs beschädigt, etikettierte man sie 1952/53 als Schrott und zerlegte sie in acht Einzelteile. Künstler retteten die Figur schließlich vor ihrer völligen Zerstörung.

An das Museum grenzt südlich der **Blüherpark**, den Kurfürst Johann Georg III. 1683 der schönen Gräfin von Zinzendorf als Liebesgabe verehrt haben soll. War er ursprünglich nach französischem Vorbild angelegt, so orientiert er sich heute am englischen Landschaftsgarten. Er trägt den Namen des Dresdner Oberbürgermeisters, der 1915–31 im Amt war.

61 Gläserne Manufaktur

TOP TIPP

Spektakuläre Symbiose von industrieller Produktion und Kultur.

Straßburger Platz
Tel. 018 05/89 62 68 (0,24 €/Min.)
Fax 018 05/32 98 96
www.glaesernemanufaktur.de
tgl. 8–20 Uhr nur nach Voranmeldung etwa 14 Tage (max. 8 Wochen) im Voraus über das Customer Care Center (s. o.)
Tram 1, 2, 4, 10, 12, 13 bis Straßburger Platz

Der Volkswagen-Konzern hat in Dresden mit der Gläsernen Manufaktur eine innovative Produktionsstätte für seinen Personenwagen der Luxusklasse, den bis zu 100 000 Euro teuren ›**Phaeton**‹, geschaffen und zugleich eine touristische Attraktion ganz neuartigen Zuschnitts. Die Gläserne Manufaktur macht die Automobilfertigung erlebbar, doch gelärmt, geschweißt und gehämmert wird hier nicht. Die Autoteile werden vorgefertigt nach Dresden geliefert – das letzte Stück werbewirksam mit eigens gefertigten *Straßenbahnen* –, und in der Manufaktur erfolgt theatralisch inszeniert die Endmontage. Da die von VW prognostizierten Absatzzahlen für den Phaeton nie erreicht wurden, montiert man zwecks besserer Auslastung auch den Bentley in der Gläsernen Fabrik. Betrachter vermuten hinter der transparenten Fassade ein neues Museum, keinesfalls jedoch eine Autofabrik. Anfang 1998 nahm der VW-Konzern wegen seines Projekts erste Gespräche mit der Stadt Dresden auf, wenige Monate später wurde als Standort für die Gläserne Manufaktur der Straßburger Platz ausgewählt. Im Beisein des Bundeskanzlers und des Ministerpräsidenten von Sachsen erfolgte im Juli 1999 die Grundsteinlegung und am 11. Dezember 2001 konnte die Einweihung stattfinden. VW hatte sich für Dresden entschieden, weil Sachsen eine lange Tradition des *Automobilbaus* hat. In den 30er-Jahres des 20. Jh. kam noch jedes vierte in Deutschland gebaute Auto aus Sachsen.

Der Produktionsbereich der schicken VW-Manufaktur wird zur Stadt hin durch das komplett verglaste, winkelförmige **Hauptgebäude** mit einer Kantenlänge von 140 m und einer Höhe von 20 m geprägt. Das schon von weitem sichtbare Erkennungszeichen der Gläsernen Manufaktur ist ein fast 40 m hoher **Glasturm**, in dem die fertigen Fahrzeuge auf ihre Abholung warten.

Die Kunden und Besucher erreichen über die **Piazza** den Erlebnisbereich. In der begehbaren *Visionskugel* mit 12 m Durchmesser können über Großprojektoren und interaktive Terminals Informationen zu neuesten Trends aus Kunst, Kultur, Wirtschaft und Industrie sowie aktuelle Nachrichten aus aller Welt abgerufen werden. Ein Highlight ist der *Fahrsimulator*, hier wird mit dem ›Phaeton‹ eine Probefahrt durch eine von sieben Computern vor den Wagen projizierte Welt gefahren.

62 Großer Garten

Die größte, schönste und älteste Parkanlage im Herzen der Stadt.

Tram 1, 2, 4, 10, 12, 13 bis Straßburger Platz

Die grüne Oase abseits vom Großstadttrubel ist mit rund 180 ha Dresdens größte Parkanlage. Zu den zahlreichen Freizeitmöglichkeiten, die der Park bietet, gehören Besuche im Zoologischen Garten [Nr. 63], im Botanischen Garten [Nr. 64], im Freilichttheater oder im Palais sowie Bootsfahrten auf dem *Carolasee*. Der schnellste Parküberblick lässt sich bei ei-

Inmitten des blütengeschmückten Großen Gartens lädt das elegante frühbarocke Palais mit seiner Skulpturen-Ausstellung heute wieder zur Kunstbetrachtung ein

ner Rundfahrt mit der *Minieisenbahn* (1931) gewinnen, die die Grünanlage auf einer Länge von 5,6 km durchquert.

Geschichte Kurfürst Johann Georg II. ließ den Großen Garten ab 1678 von Martin Göttler und Johann Friedrich Karcher, dem bedeutendsten Gartengestalter der augusteischen Zeit, vor den Toren der Stadt anlegen. Für die Öffentlichkeit zugänglich machte ihn ab 1814 der russische Gouverneur Fürst Repnin-Wolkonski. Ursprünglich im französischen Barockstil begonnen, wurde der Park 1764 fast vollständig im *englischen Landschaftsstil* umgestaltet und nach 1878 von Johann Karl Friedrich Bouché, einem Schüler des berühmten Lenné, erweitert.

Besichtigung Alle Wege haben zusammen eine Länge von 34 km. In der Parkmitte, wo sich Hauptallee und Herkulesallee mit der Querallee kreuzen, steht Sachsens frühester Barockbau: das 1678–83 von Oberlandbaumeister Johann Georg Starcke errichtete **Palais** (Tel. 03 51/ 445 68 10, www.schloesser-dresden.de, April–Okt. Mi–Sa 14–18, So 11–18 Uhr, Nov.–März Sa/So 11–18 Uhr). Es wurde für sommerliche Vergnügungen des Hofes errichtet, diente also nie Wohnzwecken. Das Palais stellt eine Mischung aus deutschem Lusthaus, italienischer Villa und französischem Schloss dar. Bemerkenswert sind vor allem die üppigen und künstlerisch wertvollen *Skulpturen*, die von mehreren Bildhauern geschaffen wurden. Im Erdgeschoss präsentiert die *Dauerausstellung* ›Permoser im Palais‹ sächsische Barockskulpturen. Nicht nur Arbeiten Permosers selbst sind zu sehen, auch Stücke seiner nicht minder talentierten Kollegen Thomae, Kirchner oder Knöffler. Die Werke stammen aus verschiedenen Dresdner Parks, dem Zwinger und dem Eliasfriedhof und harren noch ihrer Restaurierung.

Von den ursprünglich acht schlichten **Pavillons** des Parks, die ebenfalls nach Entwürfen von Johann Georg Starcke ab 1684 errichtet wurden, sind fünf erhalten. Zum Statuenschmuck des Gartens gehören die Gruppen ›Meleager und Atalante‹ sowie ›Venus und Adonis‹ (1719) von Johann Christian Kirchner am östlichen Ende der Hauptallee. Der sehenswerte **Mosaikbrunnen** von Stadtbaurat Hans Poelzig wurde anlässlich der Internationalen Gartenbauausstellung 1926 installiert.

63 Zoologischer Garten

Fast 3000 Tiere, über 400 Arten leben in einem der ältesten deutschen Zoos.

Tiergartenstraße 1
am Südrand des Großen Gartens
Tel. 03 51/47 80 60
www.zoo-dresden.de
April–Okt. tgl. 8.30–18.30 Uhr,
Nov.–März tgl. 8.30–16.30 Uhr
Tram 9, 13 und Bus 75 bis Zoo

Im Affenhaus tollen schwarz–weiße Mantelaffen, in Volieren leben wie im südamerikanischen Urwald Krallenäffchen – die Affen sind bis heute der Magnet des Zoologischen Gartens. Mit einer 1873 erworbenen Schimpansin begann die Haltung von *Menschenaffen*. Den Dresdnern gelang es erstmals einen Orang-Utan-Säugling bis zum erwachsenen Tier aufzuziehen. Heute gehören die Zuchterfolge bei diesen Menschenaffen zu den bedeutendsten der Welt. Im ›*Zoo unter der Erde*‹ wird Einblick in das meist verborgene Leben von Ratten, Erdhummeln oder Höhlengrillen gewährt. Einen Anziehungspunkt für Kinder bildet das *Streichelgehege* mit Kamerunschaf, Minischwein und den lustigen Brahma-Hühnern.

Amerikanische ›Ananas‹ – im Botanischen Garten blüht die Aechmea Mariae reginae

Der 1861 gegründete und heute 13 ha große Zoo ist der viertälteste in Deutschland. Am Ende des Zweiten Weltkrieges wurde er total zerstört, nur acht Tiere überlebten. Heute jedoch sind fast 3000 Tiere zu sehen, darunter natürlich zahlreiche Menschenaffen. Die Dresdner Anlage zählt zu den wenigen Zoos, in der tagaktive *Buntmarder* gehalten werden. Weitere Tierarten sind *Breitmaulnashörner*, *Brillenbären* und *nordchinesische Leoparden*. Im Aquarium geben das 4,50 m lange *Leistenkrokodil* ebenso wie die nur 12 mm messenden *Zwergbärblinge* Einblick in die Fauna Südostasiens.

64 Botanischer Garten

Blumen und Pflanzen aus aller Welt im Freiland und in Schauhäusern.

Stübelallee 2
Tel. 03 51/459 31 85
wwww.tu-dresden.de/bot-garten
April–Sept. tgl. 8–18 Uhr
(Gewächshäuser ab 10 Uhr),
Nov., Febr. tgl. 10–16 Uhr,
Okt., März tgl. 10–17 Uhr,
Dez., Jan. tgl. 10–15.30 Uhr
Tram 1, 2, 4, 10, 12, 13 bis Straßburger Platz

Mitte Juni bietet der Botanische Garten eine Seltenheit: Für kurze Zeit entfaltet sich die Blüte der ›Königin der Nacht‹, deren Heimat Mexiko ist. Der 1820 gegründete Botanische Garten zog 1891–93 an seinen heutigen Standort. Aufgrund seiner Pflanzendarbietung und seiner Forschungsarbeit genoss er bald internationales Ansehen. Im Februar 1945 vernichteten Bomben die Anlage völlig, 1950 war zunächst das Freigelände wieder eröffnet worden. Etwa 10 000 Pflanzen wachsen heute auf dem aus Freiland und vier Gewächshäusern bestehenden 3,14 ha großen Areal, das zur Technischen Universität gehört. In den Gewächshäusern werden außereuropäische Pflanzen für die wissenschaftliche Arbeit gehalten, darunter eine Fülle schöner Orchideen und insektenfressender Pflanzen. Das Große Tropenhaus z. B. ist den Kontinenten Afrika und Asien gewidmet. Hier gedeihen Kaffeestrauch, Zuckerrohr, Ölpalme, Bananenstaude, Pfeffer, Zimt und Baumwolle. Aquarien und ein großes Schaubecken im rechten Flügel des Hauses enthalten tropische Unterwasserpflanzen. Ein Haus ist für die Sukkulenten reserviert. Im Freigelände wachsen u. a. Heil- und Giftpflanzen.

Wie ihre antiken Vorbilder ist die Trinitatiskirche heute eine Ruine

65 Trinitatisfriedhof

Begräbnisstätte vieler Dresdner Persönlichkeiten.

Fiedlerstraße
Tram 6 bis Trinitatisplatz

Der Trinitatisfriedhof könnte auch den Namen *Caspar David Friedrichs* tragen: Der berühmte Maler hat für viele Grabstätten die Entwürfe geliefert, die Toranlage diente ihm als Motiv für sein Bild ›Friedhofseingang‹, das die Galerie Neue Meister [Nr. 23] besitzt. Und schließlich fand er hier 1840 selbst seine letzte Ruhestätte. Der ›weite Friedhof‹, den man wegen seiner Lage vor den Stadttoren zunächst so nannte, besteht seit 1815. Seinen heutigen Namen bekam er 1845.

Neben Caspar David Friedrich wurden hier weitere Persönlichkeiten bestattet, u. a. der Arzt und Maler Carl Gustav Carus (1789–1869), die berühmte Sängerin Wilhelmine Schröder-Devrient (1804–1860), der Bildhauer Ernst Rietschel (1804–1861) und der Architekt und Professor an der Kunstakademie, Constantin Lipsius (1832–1894). Von Gottlob Friedrich Thormeyer stammt die *klassizistische Toranlage* der

Zu den Technischen Sammlungen gehört auch diese Schreibkugel, Kopenhagen 1878

ersten Abteilung des Friedhofs. An die 75 Dresdner, die während des Maiaufstandes im Jahr 1849 ums Leben kamen, erinnert ein 10 m hoher Obelisk.

Unmittelbar neben dem Trinitatisfriedhof, in der Fetscherstraße, wurde 1868 der **Jüdische Friedhof** angelegt. Die Nationalsozialisten schändeten ihn, dennoch blieben viele Grabsteine erhalten. Als Ersatz für die 1938 zerstörte Dresdner Synagoge wurde 1959 die Friedhofskapelle zu einer kleinen Synagoge ausgebaut.

Am Trinitatisplatz, gegenüber dem Haupteingang des Friedhofs, steht die Ruine der **Trinitatiskirche**. Das Gotteshaus wurde 1891–94 von Karl Barth im Neorenaissancestil erbaut.

66 Technische Sammlungen der Stadt Dresden

Schreibmaschinen, Kameras und weitere technische Geräte in einem traditionsreichen Industriebau.

Junghansstraße 1–3
Tel. 03 51/488 72 01
www.tsd.de
Di–Fr 9–17 Uhr, Sa/So 10–18 Uhr
Tram 4, 10 und Bus 61 bis Pohlandplatz

Rund 30 000 Objekte, nicht wenige davon *Made in Dresden*, bewahrt die Technische Sammlung für die Nachwelt auf. Vieles davon entstand in dem architektonisch interessanten *Ernemann-Neubau*, der als Symbol für die Entwicklung und Produktion des Dresdner fotografischen Gerätebaus gilt und die Sammlung beherbergt. Der fünfgeschossige Turm des Fabriktrakts war zu DDR-Zeiten im Warenzeichen der Pentacon-Werke zu sehen.

Der Kunst, einen Augenblick auf Zelluloid zu bannen – oder in Pixel zu verwandeln – gilt denn auch die besondere Aufmerksamkeit des Museums. ›Lichtbild und Dunkelkammer‹ heißt die Dauerausstellung, die Geschichte und Geschichten zur Fotografie im Allgemeinen und zur Kameraproduktion in Dresden im Besonderen erzählt.

Auch wer sich für Schreib- und Nähmaschinen, Rundfunkgeräte und Fernseher, mechanische Musikinstrumente, Rechner, Computer und Haushaltsmaschinen interessiert, ist in diesem Museum richtig. Hier kann der Besucher seine Reaktionszeit testen, mit der Windkanone schießen und Wasserwellen antreiben. *Experimentierfeld* nennt sich dieser Museumsteil, in dem sich Phänomene aus Physik und Technik spielend entdecken lassen.

Benannt ist das Museumsgebäude nach dem Kaufmann Heinrich Ernemann, der das Grundstück im Jahr 1897 erworben hatte, um seine bis dahin über das gesamte Stadtgebiet verteilten Kamera-Werkstätten zusammenzufassen. Der sog. **Ernemann-Neubau** entstand 1915-18 im Stil der Neuen Sachlichkeit, das 48 m hohe Turmhaus und der siebengeschossige Gebäudekomplex an der Schandauer Straße kamen 1922/23 hinzu. Nach 1945 zog in den Ernemann-Neubau die Zentrale der Dresdner Kamera- und Kino-Industrie, aus der 1966 das Kombinat Pentacon hervorging.

Die nahe **Versöhnungskirche** (1905–09) zwischen Schandauer und Wittenberger Straße ist ein Bau der Neoromanik, bei dem die Architekten Gustav Rumpel und Albert Kutzsch bereits Elemente des Jugendstils anklingen ließen. Im *Inneren* wurde die Jugendstilornamentik von Otto Gussmann Mitte der 1980er-Jahre von der später erfolgten Übermalung befreit. Den Toten des Ersten Weltkrieges ist der *Mahnmalbrunnen* im vorderen Hof gewidmet. Selmar Werner schuf eine *Bronzeplastik* (1928), die Jesus als Tröster der Mühseligen und Beladenen zeigt.

Am rechten Elbufer um die Innere Neustadt – Schlösser und ein Blaues Wunder

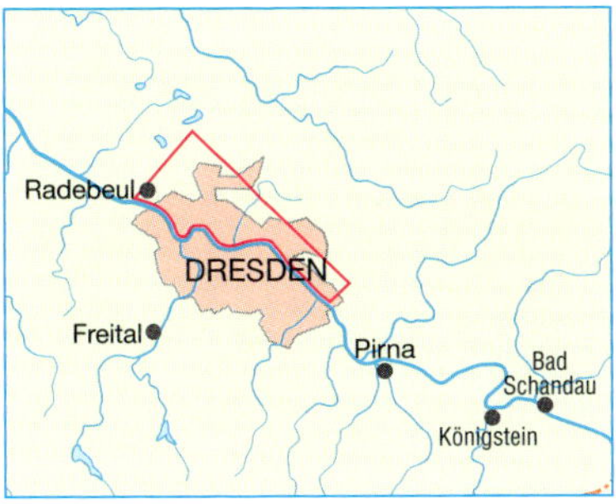

Hinterhöfe, ›Tante-Emma-Läden‹ und Szenekneipen gehören zur **Äußeren Neustadt**. Sie umschließt das Gebiet, das einst *Altendresden* hieß und heute Innere Neustadt genannt wird. Die im 19. Jh. erbaute Äußere Neustadt beginnt nördlich des Albertplatzes, die **Königsbrücker Straße** gilt als ihre Hauptstraße. Am Südwestrand der Dresdener Heide entstand in der zweiten Hälfte des 19. Jh. mit der nach König Albert benannten **Albertstadt** eine der drei größten Garnisonsstädte Deutschlands. Heute stehen hier viele Gebäude leer. Andere Siedlungen am rechtselbischen Ufer wurden zu begehrten Adressen, so das alte Fischerdorf **Loschwitz**, das sich zum bevorzugten Wohnsitz von Künstlern entwickelte oder der Stadtteil **Weißer Hirsch**, in dem sich die Dresdner Prominenz niederließ. Aber auch für Arbeitnehmer entstand eine Wohnsiedlung im Grünen: **Hellerau**, die erste deutsche Gartenstadt. Ein wenig von ihrem früheren ländlichen Flair haben sich die einstigen Bauern- und Winzerdörfer Wachwitz und Hosterwitz bewahrt. Ebenso **Pillnitz** mit seinem Schloss- und Parkensemble, das vom Altstädter Terrassenufer mit dem Schiff erreichbar ist.

67 Trachau

Für Architekturfreunde ist der Stadtteil eine Fundgrube.

Südlich der Autobahnanschlussstelle Dresden-Wilder Mann
Tram 4, Bus 80 und S1 bis Trachau

Eine große und für die damalige Zeit moderne Wohnsiedlung im Stil der Neuen Sachlichkeit prägt das 1903 eingemeindete Trachau. In einem Wettbewerb der gemeinnützigen Wohnungsbaugesellschaft *Gewobag* belegte Hans Richter 1926 den 1. Platz. Was nach Richters zukunftsweisenden Entwürfen entstand, kann zwischen Kopernikus-, Aachener und Schützenhofstraße betrachtet werden: Hier trifft man auf eine Wohnsiedlung mit lang gestreckten dreigeschossigen *Flachdachhäusern*, die durch unterschiedliche Fenstergliederungen, Erker und Balkone vielfältig gestaltet wurden. Am Südwestrand der Siedlung steht zwischen Kopernikus- und Halleystraße das **Gemeindezentrum** (1927–29) mit der Apostelkirche im Bauhaus-Stil. Der Entwurf stammt von Oswin Hempel.

68 Städtischer Heidefriedhof

Erinnerungsstätte an die Schrecken des Zweiten Weltkrieges.

Moritzburger Landstraße
Bus 80 bis Heidefriedhof

Der Städtische Heidefriedhof, der direkt an der Autobahnausfahrt der A 4 Wilder Mann liegt, wurde 1929/30 angelegt. 30 000 Tote der furchtbaren Bombardements vom 13. und 14. Februar 1945 sind hier in einem Gemeinschaftsgrab bestattet. Ein schlichtes **Mahnmal** erinnert an sie. Am Morgen des 13. Februar wird ihrer hier gedacht. Zum Gedenken an weitere Opfer des Nationalsozialismus entstand 1965 das **Rondell** mit Opferschale und 14 Sandsteinquadern, welche die Namen der nationalsozialistischen Konzentrationslager Auschwitz, Bergen-Belsen, Buchenwald, Dachau, Ravensbrück, Sachsenhausen und der im Zweiten Weltkrieg zerstörten Städte Coventry, Dresden, St. Petersburg, Lidice, Oradour, Rotterdam und Warschau tragen.

69 Gartenstadt Hellerau

Leben und Arbeit miteinander verbinden – das war das Credo von Deutschlands erster Gartenstadt am Rande der Dresdener Heide.

Am nördlichen Stadtrand
Gebäudeensemble Deutsche Werkstätten: Moritzburger Weg 61
Tram 8 und Bus 87

Um 1900 waren die Zustände in vielen Arbeitersiedlungen Deutschlands miserabel: Tausende Menschen lebten auf engstem Raum, die hygienischen Zustände spotteten jeder Beschreibung. Karl Schmidt, der Gründer der **Deutschen Werkstätten für Handwerkskunst (DWH)**, wollte genau das Gegenteil erreichen. Seine Arbeiter sollten in einer lebenswerten, naturnahen Umgebung wohnen, der Weg zur Arbeit sollte möglichst kurz sein und die Mieten niedrig. Schon seine Möbel setzten Maßstäbe in Sachen Design und Funktionalität – so hatte das Unternehmen bereits bei den Weltausstellungen in Paris 1900 und St. Louis 1904 hohe Auszeichnungen gewonnen – da sollte auch die neue Siedlung höchsten Ansprüchen genügen.

Bei der Umsetzung seiner Pläne orientierte er sich an den Ideen Ebenezer Howards. Der Engländer hatte Ende des 19. Jh. vorgeschlagen, außerhalb der Großstädte so genannte **Gartenstädte** zu gründen, die alle oben genannten Anforderungen erfüllen sollten.

Den Kern der neuen Siedlung, als deren Standort Schmidt die **Hellerau**, eine hügelige, waldreiche Gegend am nördlichen Rand Dresdens wählte, bildete die neue Fabrik der Deutschen Werkstätten, die er nach Plänen von Richard Riemerschmid errichten ließ. Seit dem Umzug der DWH in ein modernes Gebäude auf der gegenüberliegenden Straßenseite im Jahr 2006 sind dort Büros und das ausgesprochen empfehlenswerte *Schmidt's Restaurant* (Tel. 0351/804 48 83, www.schmidts-dresden.de) eingezogen. Im Neubau der DWH finden regelmäßig Kunstausstellungen statt.

Die Häuser der Gartenstadt breiten sich westlich und nördlich der Fabrik aus. Bis Ende 1913 entstanden insgesamt 383 Kleinwohnhäuser mit 407 Wohnungen für die Arbeiter. Entworfen wurden sie von Riemerschmid, Hermann Muthesius, Theodor Fischer und Heinrich Tessenow. Hellerau – erst 1950 nach Dresden eingemeindet – zog auch zahlreiche Künstler an, für die man villenartige Häuser entwarf.

Die Baumeister passten die Straßen und Wege den Naturgegebenheiten an, sie bezogen die Höhenunterschiede ein und brachten die Gartenstadt somit in eine malerische Form. Die Ein-, Zwei- und Vierfamilienhäuser sind von schlichter Architektur. Den ältesten Teil bilden die von Riemerschmid entworfenen Einfamilienhäuser **Am Grünen Zipfel**, der etwa 250 m südlich der Fabrik vom Moritzburger Weg abzweigt. Die elf verschiedenen Haustypen haben eine Nutzfläche von 46

Kleinbürgerliche Wohnkultur entstand in der Gartenstadt Hellerau zwischen 1908 und 1913

Das Festspielhaus in der Gartenstadt Hellerau bietet der Avantgarde ein Forum

bis 85 m² und zu jeder Wohnung gehören – was in der damaligen Zeit etwas Besonderes war – Keller, Waschküche mit gemauertem Kessel, Be- und Entwässerung sowie ein bis zu 265 m² großer Garten. Eher städtischen Charakter besitzen die zwei Vierfamilien- und sechs Einfamilien-Reihenhäuser von Muthesius in der Straße **Beim Gräbchen** oberhalb des Marktes. Zum Leittyp des kleinbürgerlichen Wohnhauses dieser Zeit wurden die *Doppel-* und *Reihenhäuser*, wie sie am Ruscheweg, der ebenfalls am Markt beginnt, stehen.

Geistiger und kultureller Mittelpunkt der Siedlung war und ist das **Festspielhaus** (1910–12, Karl-Liebknecht-Str. 56–58, www.kunstforumhellerau.de), ein schmuckloser, aber dennoch würdevoller Bau von Heinrich Tessenow, der den Weimarer *Bauhaus-Stil* vorwegnimmt. Unter seinem Leiter Emile Jaques-Dalcroze avancierte es zu einem weit über Deutschland hinaus bedeutenden kulturellen Zentrum, zu den berühmtesten Gästen zählten Rilke, Kafka, Gropius und Rachmaninow. Heute bietet das Haus ein ambitioniertes Programm zeitgenössischer Kunst, dessen Spektrum von Tanz über Musik bis zu Vorlesungenen reicht, aber immer seinem avantgardistischen Anspruch treu bleibt.

70 Militärhistorisches Museum der Bundeswehr

Ein Streifzug durch mehr als 600 Jahre deutscher Militärgeschichte.

Olbrichtplatz 3
Tel. 03 51/823 28 00
www.mhm.bundeswehr.de
Interimsausstellung Di–So 9-17 Uhr
Tram 7, 8 und Bus 91 bis Stauffenbergallee

Das Militärhistorische Museum, mit etwa 1,5 Mio. Objekten eines der größten seiner Art auf der Welt, ist gegenwärtig eine große Baustelle. Bis Anfang 2009 wird es nach einem Entwurf von Daniel Libeskind sowie Hans-Günter Merz zum Leitmuseum der Bundeswehr für Deutschland umgebaut. Das gewaltige Museumsgebäude (1873–79) mit einer schlossartigen Hauptfront entstand als *Arsenal* der Dresdner Garnison. Nach der Wiedereröffnung wird es mit 10 000 m² Ausstellungsfläche das größte Museum Dresdens sein. Dennoch wird man auch dann nur ein Teil der Objekte können, die in 600 Jahren deutscher Militärgeschichte vom späten Mittelalter bis in die Gegenwart zusammengetragen wurden.

In der gegenwärtigen **Interimsausstellung** in einer hinter dem Museum gelegenen Fabrikhalle sind auch heute schon Großtechnik, Waffen, Munition, Uniformen, Orden, Fahnen und Kunstwerke zu sehen, darunter als Rarität das von Wilhelm Bauer gebaute erste deutsche U-Boot ›**Brandtaucher**‹ (1850/51), das älteste erhaltene Tauchboot der Welt. Interessant sind auch der Landeapparat des Raumschiffes ›**Sojus 29**‹ (1978) und der **Raumanzug** des Sachsen Dr. Sigmund Jähn, der 1978 als erster Deutscher in den Weltraum flog. Das älteste europäische **Riesengeschütz** (um 1430) gehört zu den einzigartigen Zeugnissen aus der Frühzeit der Artillerie. Sein Name ›Faule Magd‹ leitet sich von der geringen militärischen Einsatzfähigkeit des Geschützes ab, mit dem Steinkugeln von etwa 45 kg Gewicht vermutlich nur etwa 500 m weit geschossen werden konnten.

71 Garnisonskirche

Einstige Garnisons- und Simultankirche mit einem 90 m hohen Turm.

Stauffenbergallee
So 12 Uhr Führungen, sonst unregelmäßig geöffnet
Tram 7, 8 und Bus 91 bis Stauffenbergallee

Geld war auch im 19. Jh. knapp. Es reichte nicht, um für die Heeresangehörigen der Albertstadt eine protestantische und eine katholische Kirche zu bauen. Und so entschloss man sich zu einer dem **hl. Martin** geweihten Simultankirche (1896–1900) – eine große Halle für die protestantischen Christen (heute Lager der Semperoper) und eine kleinere für die Katholiken, die noch immer genutzt wird. Das Gotteshaus gehört zu den besten Bauten des Historismus in Dresden, von besonderer Schönheit ist der farbenfrohe und mit byzantinischen Anklängen gestaltete Altarraum. Die Glocken im 90 m hohen Kirchturm – so wird jedenfalls behauptet – sind aus französischen Kugeln des Krieges 1870/71 gegossen worden.

1873–77 entstand die **Albertstadt**, eine Soldatensiedlung mit eigener Verwaltung und Polizei. Bis zu 10 000 Soldaten dienten hier. Die Kasernen wurden entlang der 3,2 km langen und 30 m breiten heutigen Stauffenbergallee erbaut. Für

Die Garnisonskirche, Dresdens einzige Simultankirche, vereinte Protestanten und Katholiken unter einem Dach

Der Altar im katholischen Teil der Garnisons-kirche zeigt Jesus Christus als Weltenrichter

deren **Hauptwache** (1875) nahm sich Georg Hermann Nicolai (1812–1881) die Florentiner Halle der Landsknechte, die Loggia dei Lanzi, zum Vorbild. Der Baumeister Nicolai ist übrigens im Fürstenzug [Nr. 30] in der Altstadt als einziger Architekt verewigt: mit steifem Hut hinter den Fahnenträgern schreitend.

An der Stauffenberg-/Ecke Marienallee bekam der 1891 verstorbene sächsische General Georg Friedrich Graf von Fabrice seine letzte Ruhestätte. Er war von 1866 bis zu seinem Tode sächsischer Kriegsminister. Constantin Lipsius entwarf das **Fabrice-Mausoleum**, dessen wertvoller Schmuck, ein von Johannes Schilling gefertigtes Bronzestandbild des Generals, im Zweiten Weltkrieg eingeschmolzen wurde.

72 Kraszewski-Museum

Mit etwa 600 Büchern gilt der Pole als der produktivste Autor der Welt.

Nordstraße 28
Tel. 03 51/804 44 50
www.museen-dresden.de
Mi–So 10–18 Uhr
Tram 11 bis Nordstraße

Im Jahr 1873 veröffentlichte der polnische Schriftsteller Józef Ignacy Kraszewski (1812–1887) den ersten Band seiner **Sachsentrilogie**, der den Titel ›Gräfin Cosel‹ trug. Er wurde ein Bestseller, ebenso die beiden folgenden Bände ›Brühl‹ (1875) und ›Aus dem Siebenjährigen Krieg‹ (1876). Die kleine Villa, in der der Autor in den Jahren 1873–79 lebte, ist heute Museum. Während seines insgesamt 24-jährigen Dresden-Aufenthalts hat der Schriftsteller zwölfmal den Wohnsitz gewechselt. Das Museum würdigt nicht nur sein Werk, sondern auch die vielfältigen kulturellen und politischen Beziehungen zwischen Sachsen und Polen. Kraszewski war wegen seiner Teilnahme an nationalen Erhebungen in Polen 1831 zum Tode verurteilt worden, später begnadigt und 1863 als ›öffentlichkeitsgefährdend‹ des Landes verwiesen worden. Er wählte Dresden als Wohnsitz, wo er 1876 die sächsische Staatsbürgerschaft erhielt. Mit etwa 600 Büchern dürfte er der **produktivste Autor** der Weltliteratur gewesen sein.

73 Martin-Luther-Platz

Ein neogotischer Sakralbau, hübsche Bürgerhäuser und nahebei ein einzigartiger Milchladen.

Tram 11 bis Pulsnitzer Straße

Die neogotische **Martin-Luther-Kirche** (1883–87) mit neoromanischen Details bildet das Zentrum des Martin-Luther-Platzes und ist ein typischer Kirchenbau aus der Zeit des Historismus. In der zweiten Hälfte des 19. Jh. waren den Architekten für protestantische Kirchenbauten Zwänge auferlegt. Das *Eisenacher Regulativ* von 1861 schrieb vor, dass sie in historischen Stilformen zu errichten seien. Die Architekten Ernst Giese und Paul Weidner hatten also für die Martin-Luther-Kirche strenge Vorgaben zu erfüllen. Ein **Ehrenmal** (1928) hinter dem Chor ist den Toten des Ersten Weltkrieges gewidmet: Schöpfer des knienden Kriegers und der betenden Frau ist ein Gemeindemitglied – der Bildhauer August Schreitmüller.

Die **Bürgerhäuser** rund um den Martin-Luther-Platz stammen überwiegend aus dem 19. Jh. Der **Kugelbrunnen** (1992) von Christian Meyer ist eine künstlerische und physikalisch beachtenswerte Leistung. Die Kugel, aus schwer zu bearbeitendem grau-roten norwegischen *Granit* gehauen, hat das enorme Gewicht von rund einer Tonne. Von unten gegendrückendes Wasser hebt sie ein wenig an, sodass sie sich bei Berührung ganz leicht drehen lässt.

Am Martin-Luther-Platz/Ecke Prießnitzstraße liegt die erste Begräbnisstätte der jüdischen Gemeinde in Dresden. Der **Alte Jüdische Friedhof** wurde von 1751 bis 1869 genutzt, 1067 Tote wurden auf ihm begraben.

Der **Pferdetränkebrunnen** (1921) an der Bautzener Straße/Ecke Holzhofgasse erinnert an den einstigen Gasthof ›Zum Goldenen Löwen‹. Der war lange Zeit eine beliebte Ausspanne für die aus der Lausitz und aus Polen kommenden Fuhrwerke. Die Inschrift an diesem Granitbrunnen teilt mit, dass der ›Alte Tierschutzverein‹ ihn stiftete, ein Hinweis auf den Künstler fehlt allerdings – doch es war der Bildhauer Paul Polte.

Die Gegend hält noch eine Rarität bereit: **Pfunds Molkerei** in der Bautzner Straße 79, den wohl prachtvollsten Milchladen der Welt. Seit 1995 präsentiert sich das künstlerische Kleinod, nun ein Käseladen, wieder in der einstigen Schönheit. Farbig bemalte, halb plastische *Majolikafliesen* von Villeroy und Boch schildern anschaulich die Milchgewinnung und Milchverarbeitung. Der Molkereibetrieb Pfund, einst ein kleines Imperium an der Rückseite des jüdischen Friedhofes gelegen, war der erste in Deutschland, der Kondensmilch produzierte.

Rechts: *Am Loschwitzhang oberhalb der Elbe entstand Mitte des 19. Jh. Schloss Albrechtsberg*
Unten: *Käse und Jugendstil – in Pfunds Molkerei erzählen Schmuckkacheln über die Milchgewinnung und Milchverarbeitung. Im Angebot sind zahlreiche köstliche Käsesorten*

74 Dresdener Heide

Die ›grüne Lunge‹ der Stadt mit Mischwald, Rotbuchen und vielen kleinen Wasserläufen.

Nordöstlich vom Zentrum
Bus 305

Die 50 km² große Dresdener Heide, die ›grüne Lunge‹ der Stadt, ist ein beliebtes Naherholungsgebiet. Seinen besonderen Reiz erhält es durch zahlreiche Bäche und Quellen. Nur wenige Großstädte können ein solch großes Waldgebiet innerhalb ihrer Grenzen vorweisen. Durch das Nadel- und Mischwaldgebiet führt die **Radeberger Straße**. Fast in der Mitte, dort, wo die Große Hengstbrücke den Prießnitzbach überspannt, trifft man auf die im Schweizerhausstil erbaute Gaststätte ›Heidemühle‹ (1881). Westlich davon, am Saugarten, sieht man einen *Granitfindling* mit dem Bronzebildnis des

Dresdner Landschaftsmalers und Kupferstechers Guido Hammer, der in der ersten Hälfte des 19. Jh. zahlreiche Bildmotive in der Heide fand. *Saugärten* ließen die Kurfürsten übrigens an mehreren Stellen einrichten. In ihnen wurden Wildschweine gehalten, die man zur Hetzjagd wieder freiließ. Im Zentrum der Heide liegt an einer großen Lichtung der Landgasthof ›**Hofewiese**‹ (mit dem Auto über den Gänsefußweg erreichbar). Einst wohnte in dem Haus der Wiesenvogt. Die Hofewiesen lieferten den Kurfürsten damals reichlich Futter für ihr Wild.

Von der Radeburger Straße führt der Moritz-Pillnitzer-Weg zum 211 m hohen **Wolfshügel** im Süden der Heide, dessen Name an die einst zahlreich vorkommenden Wölfe erinnert. Am Fuße des Hügels steht die *König-Albert-Säule* (1903) mit dem Porträt des Königs als Bronzerelief.

An der Mordgrundbrücke, am südlichen Rand der Heide bei der Bautzner Straße, sieht man die überlebensgroße Skulptur des *Zentauren Chiron* (1901/02) – der Meister der Heilkunde und der Jagdkünste aus der griechischen Mythologie. Otto Petrenz hat das Kunstwerk aus Sandstein geschlagen.

75 Schloss Albrechtsberg

Festlichkeiten in prunkvollem Ambiente.

Bautzner Straße 130
Tel. 03 51/81 15 80
www.schloss-albrechtsberg.de
selten Führungen, Zugang jedoch bei den regelmäßigen Kulturveranstaltungen
Ausstellung im Torhaus tgl. 10–18 Uhr
Tram 11 bis Schloss Albrechtsberg

Konzerte, Bälle, Empfänge und Bankette bringen regelmäßig Leben in die edlen Räume von Schloss Albrechtsberg. Auf etwas ungewöhnliche Art kam Dresden zu diesem repräsentativen Bauwerk: Nach seiner Heirat mit Rosalie von Rauch, einer zwar adeligen, für einen Königssohn aber keineswegs standesgemäßen Dame, zog es Prinz Albrecht von Preußen vor, Berlin zu verlassen. Zum Wohnsitz wählte sich der jüngste Sohn von König Friedrich Wilhelm III. die wunderschöne Lage oberhalb der Elbe am *Loschwitzhang*. Erbaut wurde das sandsteinverkleidete Schloss (1850–54) im spätklassizistischen Stil nach Plänen des preußischen

Landbaumeisters Adolf Lohse. Dieser ließ sich bei seinem Bau von italienischen Renaissancevillen beeinflussen. Eine Ausstellung im westlichen **Torhaus** dokumentiert die bewegte Geschichte des Schlosses

76 Lingner-Schloss

Schloss oder Villa – das ist hier die Frage.

Bautzner Straße 132
www.lingnerschloss.de
Führungen März–Okt. Mi 14 Uhr
Tram 11 bis Schloss Albrechtsberg

Herrlich ist der Elbblick von der Terrasse des Cafés im Lingner-Schloss. Erbauen ließ es Preußenprinz Albrecht, der im benachbarten Schloss Albrechtsberg wohnte. Er wollte seinen Kammerherrn, Baron von Stockhausen, in seiner Nähe haben, ohne mit ihm unter einem Dach leben zu müssen. Deshalb durfte Stockhausen nicht mit im Prinzenschloss logieren, sondern bekam nebenan fast zeitgleich ein kleineres Schloss erbaut. Der Standesunterschied musste sich auch im Namen ausdrücken: Nicht Schloss, sondern **Villa Stockhausen** wurde das Bauwerk genannt. Wie bei Schloss Albrechtsberg kamen die Pläne von Adolf Lohse.

Im Jahre 1906 kaufte der Großindustrielle Karl August Lingner, der Begründer des Hygiene-Museums [Nr. 60] und Erfinder des Odol-Mundwassers, das Anwesen. Eine seiner ersten ›Amtshandlungen‹ war, das schlichte Wort ›Villa‹ gegen die repräsentative Bezeichnung ›Schloss‹ auszuwechseln. August Lingner († 1916) vermachte das Bauwerk der Stadt Dresden, beigesetzt wurde er in einem *Mausoleum* auf dem Grundstück.

77 Schloss Eckberg

Auch das dritte der Elbschlösser ist umgeben von einer schönen Parkanlage.

Bautzner Straße 134
www.schloss-eckberg.de
Tel. 03 51/809 90
Tram 11 bis Schloss Albrechtsberg

Viele Einheimische kennen das Bauwerk, das als typische Architektur der Dresdner Romantik gilt, auch unter dem Namen **Villa Souchay**. Denn der Großkaufmann John Daniel Souchay ließ es sich 1859–61 im englischen Burgenstil errichten. Baumeister war ein Schüler Sempers, Christian Friedrich Arnold. Der Name Schloss Eckberg wurde später geläufig, weil das Schloss auf einem Ecksporn des Berghangs steht. Wie Schloss Albrechtsberg und das Lingner-Schloss liegt es in einem schönen *Park*, von dem aus man weit ins Elbtal blicken kann. Zu DDR-Zeiten war das Haus als ›Jugendtouristikhotel‹ jungen Menschen vorbehalten, heute wohnen in Schloss Eckberg und dem dazugehörenden Kavalierhaus zahlungskräftige Gäste.

78 Schillerhäuschen

Erinnerungsstätte an den Aufenthalt Schillers in Dresden.

Schillerstraße 19
Tel. 03 51/65 64 86 13
www.museen-dresden.de
Mai–Sept. Sa/So 10–17 Uhr, jeweils nach Vereinbarung
Bus 61, 83 bis Körnerplatz

In dem kleinen Gartenhaus der Familie des Juristen und Literaturkritikers Christian Gottfried Körner, heute das kleinste Museum Dresdens, fand **Friedrich von Schiller** 1785–87 und 1801 jene Ruhe, die er für die Arbeit am ›Don Carlos‹ benötigte. In dem nun mit zeitgenössischem Mobiliar eingerichteten Raum schrieb er auch die Ode ›An die Freude‹. Zur Erinnerung an die Freundschaft zwischen Schiller und der Familie entstand der sandsteinerne *Schiller-Körner-Denkmalbrunnen*, der dem Schillerhäuschen gegenüber in die Weinbergsmauer eingefügt wurde. 1912/13 haben ihn der Bildhauer Oskar Rassau und der Architekt Martin Pietzsch geschaffen. Das Relief, auf der linken Seite mit der Jahreszahl 1801, zeigt den Weggang Schillers von der Familie Körner. Rechts sieht man die Jahreszahl 1813, als nämlich Theodor Körner – der patriotische Dichter der Freiheitsbewegung gegen Napoleon – zum Lützowschen Freikorps verabschiedet wurde.

Prominente Besucher kamen seinerzeit ins nahe gelegene **Körnerhaus**, Körnerweg 6: Goethe, Wieland, Herder, Kleist, die Brüder Humboldt und Mozart hielten sich ab 1785 als Gäste hier auf – Körners Sommerdomizil war ebenso wie seine 1945 zerstörte Stadtwohnung ein Mittelpunkt des Dresdner Geisteslebens. An den Loschwitzer Hängen besaßen zahl-

Das Ausflugslokal Luisenhof (Mitte) ist ein beliebter Treffpunkt im Villenviertel Weißer Hirsch

reiche Dresdner Adlige und wohlhabende Bürgerfamilien *Sommerhäuser* mit Weingärten, darunter der Hofjuwelier von August dem Starken, **Johann Melchior Dinglinger**. Dessen Sommerhaus, Schevenstraße 59, fällt wegen der goldenen Kuppel mit Wetterfahne auf.

79 Standseilbahn

In 3 Minuten 547 m bergauf – oder bergab.

Talstation: Körnerplatz, Loschwitz,
Bergstation: Bergbahnstraße,
Weißer Hirsch,
Bus 61, 83 bis Körnerplatz

Wer zum Villenvorort Weißer Hirsch möchte, sollte sich das Vergnügen gönnen, mit der Standseilbahn anzureisen. Sie ist die letzte ihrer Bauart in Europa! Drei Minuten werden für die 547 m benötigt, dabei wird ein Höhenunterschied von 95 m bewältigt. Die Bergstation befindet sich gegenüber dem Restaurant ›**Luisenhof**‹, wegen der hervorragenden Aussicht auch ›Balkon Dresdens‹ genannt. In der Mitte wird eine 102 m lange und 12 m hohe Brücke passiert, ein Miniviadukt, welches die Ausweichstelle für die beiden gegenläufig verkehrenden Wagen bildet. Die am 26. Oktober 1895 eröffnete Bahn diente zunächst überwiegend dem Transport von Baumaterial. Es gab eigens dafür konstruierte Güterwagen, auf die die Fuhrwerke mit Pferden verfrachtet wurden. Das Seilbahnpersonal bevorzugte allerdings Ochsen, weil die für ihren stoischen Gleichmut bekannten Tiere während der beiden Tunneldurchfahrten am oberen und unteren Streckenende nicht scheuten. Seit 1905 dient die Bahn nur dem *Personenverkehr*. 1993/94 wurde der ›Veteran‹ aufpoliert und technisch modernisiert. Seitdem verkehren die Wagen ohne Personal und mit doppelter Geschwindigkeit (5 m/s).

80 Weißer Hirsch

Vom Kurort zum Nobelviertel mit luxuriösen Villen.

Oberhalb der Elbe im Nordosten der Stadt
Standseilbahn bis Bergbahnstraße

Der Weiße Hirsch, zu DDR-Zeiten waren die Häuser arg verkommen, wurde wieder das Nobelviertel Dresdens mit wunderschön anzuschauenden Prachtvillen. Ein gutes Beispiel für den verspielten Jugendstil stellt die **Villa Elbblick**, Wolfshügel-/Hermann-Prell-Straße, dar. Im Stil der Neuen Sachlichkeit zeigen sich vor allem Villen in der Collenbuschstraße, am Hainweg, Am Hochwald und in der Degelestraße. In der Stangestraße findet man das 1889 im romanischen Stil Norwegens erbaute **Kirchlein**. Im Haus Collenbuschstraße 4 wohnte der dänische Schriftsteller *Martin Andersen Nexö*, Autor von ›Pelle der Eroberer‹ und ›Ditte Menschenkind‹, von Anfang 1952 bis zu seinem Tod am 1. Juni 1954. Im Haus Rissweg 68, einer einstigen Künstlerpension, schrieb der Maler *Oskar Kokoschka* 1910 sein Drama ›Mörder, Hoffnung der Frauen‹. Es wurde 1917 am heute nicht mehr bestehenden Albert-Theater am Albertplatz uraufgeführt.

Bekanntestes Bauwerk auf dem Weißen Hirsch dürfte das 1895 eröffnete Restaurant **Luisenhof** an der Bergbahnstraße sein, das einen spannenden Blick auf Dresden bietet.

Kaum jemand weiß heute noch, dass sich im **Haus An der Berglehne 4** von 1928 bis 1931 die Reichsparteischule der Kommunistischen Partei Deutschlands ›Rosa Luxemburg‹ befand. Kommunisten gingen hier ein und aus, darunter der spätere Staats- und Parteichef Jugoslawiens, Josip Broz Tito, zu den Hörern gehörte auch Arnold Friedrich Vieth von Golßenau, der in der DDR unter dem Namen Ludwig Renn zu den namhaftesten Schriftstellern gehörte und nach dem Zweiten Weltkrieg kurze Zeit im Haus Plattleite 38 wohnte.

Im **Haus Collenbuschstraße 14**, einem großen Eckgebäude, versammelten die Sowjets namhafte Künstler, um mit ihnen über den Neubeginn des Kunstlebens in Dresden zu beraten. Unter ihnen befand sich der berühmte Schauspieler Erich Ponto.

Besonders wechselvoll ist die Geschichte des 1912 fertig gestellten **Hauses Preußstraße 10**. Die Besitzer, die es von den Nationalsozialisten ›übereignet‹ bekommen hatten, mussten das Haus 1945 innerhalb weniger Stunden räumen. Für einige Jahre quartierten sich Offiziere der Sowjetarmee ein, ab 1948 war es für zwei Jahre Wohnsitz von Max Seydewitz, dem sächsischen Ministerpräsidenten und späteren Generaldirektor der Staatlichen Kunstsammlungen Dresden, danach wohnte ein Jahr Martin Andersen Nexö mit seiner Familie in dem Haus. 1953, nach der Rückkehr aus sowjetischer Kriegsgefangenschaft, bis zu seinem Tod 1957 war es Wohnung von Friedrich Paulus, der 1942 als Oberbefehlshaber der 6. Armee

auf eigene Verantwortung mit den Resten der 6. Armee in Kriegsgefangenschaft gegangen war.

Fast am Ende der Straße Plattleite Nr. 19, 25–31 sowie Zeppelinstraße 7–8 trifft man auf das Institut und das Wohnhaus des **›Roten Barons‹**, wie Professor Manfred Baron von Ardenne genannt wurde. Der 1997 verstorbene Baron war eine der schillerndsten Wissenschaftlerpersönlichkeiten des 20. Jh. In der Sowjetunion war er am Bau der Atombombe beteiligt, zudem ließ er mehr als 600 Erfindungen patentieren. Ardenne arbeitete u. a. an der ersten elektronischen Fernsehübertragung mit und entwickelte die ›Sauerstoff-Mehrschritt-Therapie‹.

Ab 1888 war der Weiße Hirsch, benannt nach einem schon lange nicht mehr existierenden Gasthof, zum **Kurort** geworden. Dr. Lahmanns physiatrisches (naturheilkundliches) *Sanatorium* an der Bautz-

ner/Stechgrundstraße besaß bald einen guten Ruf. Östlich der Stechgrundstraße verwandelte man in den 1920er-Jahren ein Randgebiet der Dresdener Heide in einen *Waldpark* mit Konzertplatz. Bei den sonntäglichen Konzerten sollen auch Paul Hörbiger und Theo Lingen gesehen worden sein.

81 Blaues Wunder

TOP TIPP

Technisches Wunder und Touristenattraktion.

Elbbrücke von Blasewitz nach Loschwitz
Tram 6, 12 und Bus 61, 83 bis Schillerplatz oder Bus 61, 83 bis Körnerplatz

Vor der Einweihung unterzog man die Blaues Wunder genannte Brücke einer Belastungsprobe: Drei Dampfwalzen, drei mit Steinen beladene Straßenbahnloren, sechs vierspännige Pferdewagen, ein vollbesetzter Straßenbahnwagen, vier gefüllte Wassersprengwagen, drei Kutschen, fünf Pferde, ein beladener Materialwagen, eine Kompanie des Dresdner Jägerbataillons und 150 Freiwillige wurden hier versammelt.

Die Brücke wurde von den Ingenieuren Claus Köpcke und Hans Manfred Krüger 1891–93 errichtet. Der Sprengung durch die SS in den letzten Tagen des Zweiten Weltkrieges entging das Blaue Wunder nur durch den beherzten Einsatz von zwei Dresdner Männern. Unabhängig voneinander hatten sie die Zündleitungen der Sprengsätze zerschnitten.

Sein Blaues Wunder kann man in Dresden tatsächlich erleben. Der Anstrich machte die Brücke (1891–93) bekannt – technisch ist sie ein Meisterwerk

Die 3500 t schwere Konstruktion galt seinerzeit als *technische Meisterleistung*: Mit einer Länge von 141,50 m zwischen den beiden aus sandsteinverkleidetem Granit bestehenden Uferpfeilern überspannt die eiserne Hängebrücke die Elbe. Sie war damit eine der ersten strompfeilerfreien Brücken Europas. Der *blaue Schutzanstrich* brachte ihr den Beinamen Blaues Wunder ein. Die beiden 3 m breiten Gehbahnen für Fußgänger wurden 1935 angebaut.

82 Leonhardi-Museum

Neue Kunst in altem Fachwerkhaus.

Grundstraße 26
Tel. 03 51/268 35 13
www.leonhardi-museum.de
Di–Fr 14–18, Sa/So 10–18 Uhr
Bus 61, 83 bis Körnerplatz

Eine alte *Wassermühle* ließ sich der Fabrikbesitzer und Maler Eduard Leonhardi 1880 zum Ausstellungs- und Atelierhaus umbauen. Dort sind Bilder von Leonhardi zu sehen, und es werden Ausstellungen Dresdner Künstler gezeigt, was dem Vermächtnis von Leonhardi entspricht. Er hatte an der Dresdner Kunstakademie u. a. bei Ludwig Richter studiert und erwarb sich den Ruf als ›Maler des deutschen Waldes‹. Er förderte zudem junge Künstler, indem er ihnen sein Haus zum Arbeiten und für Ausstellungen öffnete. Diese nannten den Fachwerkbau ›Rote Amsel‹, die Sprüche auf der Fassade erzählen vom Zeitgeist des ausgehenden 19. Jh., z. B.: »Dem Verdienst ist Hochmut nicht erlaubt, denn eine volle Ähre senkt ihr Haupt.«

83 Bergschwebebahn

Mit der ältesten Bergschwebebahn der Welt zu schönen Aussichtspunkten.

Pillnitzer Landstraße
Bus 61, 83 bis Körnerplatz

Nicht nur für Touristen ist sie ein begeisterndes, 274 m langes und nur drei Minuten dauerndes Nahverkehrsvergnügen. Während der Fahrt, und vor allem von der Bergstation aus, bietet sich eine fantastische *Aussicht* auf das Dresdner Elbtal. Am 6. Mai 1901 drängten sich Hunderte an der Landstraße nach Pillnitz und vor der Gaststätte ›Schöne Aussicht‹ auf der *Loschwitzhöhe*, denn: Sachsens Kronprinz Friedrich August war persönlich gekommen, um die Bergschwebebahn zu eröffnen. Das Interesse der Dresdner an dem neuen Verkehrsmittel war groß, bis zum Jahresende kletterten 385 000 in die Waggons.

Im dicht beschriebenen Fachwerkhaus des Malers Leonhardi entstand ein Museum

Die Bergschwebebahn und die Loschwitzer Kirche in harmonischer Koexistenz von Technik und christlicher Architektur

84 Loschwitzer Kirche

Die ›kleine Schwester‹ der Frauenkirche erstand wieder originalgetreu.

Pillnitzer Landstraße
www.kirche-loschwitz.de
Bus 61, 83 bis Körnerplatz

Am 3. Oktober 1994 fand erstmals wieder ein Gottesdienst statt: Die Loschwitzer Kirche, auch Kleine Frauenkirche genannt, war nach ihrer Zerstörung 1945 originalgetreu wieder aufgebaut worden. Dresdner Künstler wie die Kammersänger Theo Adam und Peter Schreier hatten zuvor für den Wiederaufbau auf Benefizkonzerten in ganz Deutschland gesammelt. Der Grundstein für die Kirche wurde im Juni 1705 gelegt. Der Entwurf für den barocken Zentralbau mit einem Kanzelaltar stammt von George Bähr und Johann Gottfried Fehre d.Ä. Er gilt als ›kleine Schwester‹ der Frauenkirche [Nr. 27].

Von der Kirche sind es, am Körnerplatz vorbei, keine 500 m bis zur Elbe. Dort hat sich noch einiges vom alten Dorf Loschwitz erhalten, darunter das **Fachwerkhaus Fährgut** (1697). Die Pillnitzer Landstraße führt elbaufwärts zum fünfgeschossigen **Künstlerhaus** (1897/98), einem der frühesten Bauwerke des Jugendstils in Dresden. Der Loschwitzer Architekt Martin Pietzsch hat es mit einfachen Materialien als Atelier- und Wohnhaus für Maler und Bildhauer errichtet. Gegenüber, auf dem **Loschwitzer Friedhof**, ruhen bedeutende Persönlichkeiten.

85 Fernsehturm

›Elbnadel‹ wird das Wahrzeichen von Dresden-Ost genannt.

Oberwachwitzer Weg
Bus 61 bis Fernsehturm

Auf der *Oberwachwitzer Höhe* (230 m) steht das höchste Bauwerk der Stadt, der

252 m hohe Fernsehturm. Millionen Menschen ließen sich seit Oktober 1969 mit zwei *Schnellaufzügen* 148 m durch den Turm zur Aussichtsplattform hinauf und zu den beiden *Café-Geschossen* bringen. Der Rundblick über Dresden aus ungewöhnlicher Turmperspektive war fantastisch. Im Jahr 1990 wurde die Telekom neue Eigentümerin des ›Elbnadel‹ genannten Turms. Seitdem ist das Dresdner Wahrzeichen leider nicht mehr öffentlich zugänglich. Touristisch hat der Turm damit seine Bedeutung verloren, als Bauwerk bleibt er jedoch wichtig.

86 Pfarrkirche Maria am Wasser

Seit Jahrhunderten trägt das Kirchlein die volkstümliche Bezeichnung ›Schifferkirche‹.

Kirchgasse
Bus 83 bis Van-Gogh-Straße

In Hosterwitz legten die Elbschiffer meist eine Pause ein, denn hier gab es eine Furt, die zum Umladen der Fracht zwang. Und bevor die Schiffer sich dann von der Elbe weitertragen ließen, eilten sie zum Gebet

in die nahe gelegene Pfarrkirche Maria am Wasser – die tatsächlich direkt am Wasser steht. Eine Mauer schützt das einladend wirkende Gotteshaus und den historischen **Friedhof** mit Grabsteinen aus dem 18. und 19. Jh. vor dem Hochwasser der Elbe. Das bereits im Jahr 1406 erstmals erwähnte Kirchlein wurde 1704 im Barockstil erweitert und modernisiert, 1774 bekam der *Kirchturm* seine barocke Zwiebelspitze.

87 Carl-Maria-von-Weber-Museum

In dem einstigen Weinbauernhaus entstanden große Teile der Oper ›Freischütz‹.

Dresdner Straße 44
Tel. 03 51/261 82 34
www.museen-dresden.de
Mi–So 13–18 Uhr
Bus 83 bis Van-Gogh-Straße

»Oh, Hosterwitz, oh Ruhe«, schrieb *Carl Maria von Weber* (1786–1826) 1818 in sein Tagebuch. Damals verbrachte er zusammen mit seiner Frau Caroline das erste Mal die Sommerferien im Elbweindorf Hosterwitz, das mittlerweile längst zu Dresden gehört. Bis 1824 waren die Webers fast jedes Jahr von Mai bis August in dem kleinen *Weinbauernhaus* zu Besuch, das heute als Carl-Maria-von-Weber-Museum fungiert. In der mit zeitgenössischem Mobiliar ausgestatteten ›Kompositionsstube‹, wie Weber sein Arbeitszimmer im ersten Stock nannte, entstanden große Teile der Oper ›Freischütz‹ (1821) und die Klaviermusik ›Aufforderung zum Tanz‹ (1819). Aus dem Besitz von Webers Urenkelin Mathilde stammen Stimmgabel, Siegelring und Petschaft des Komponisten, der ab 1817 Kapellmeister an der Dresdner Oper war.

88 Weinbergkirche Zum Heiligen Geist

Nach dem Besuch des barocken Kirchleins sollte man den sagenhaften Blick genießen.

Oberhalb vom Bergweg
Bus 83 bis Pillnitzer Platz

In seinen Weinbergen ließ August der Starke die barocke Kirche (1723–27) mit einem hölzernen Dachreiter erbauen. Sie war für den evangelischen Hofgottesdienst in der Sommerresidenz Schloss Pillnitz bestimmt, da die dortige Kirche im Jahr 1723 Umbauten weichen musste. Die Pläne für den Neubau der Weinbergkirche lieferte Oberlandbaumeister Matthäus Daniel Pöppelmann, für die Steinmetzarbeiten zeichnete der Permoser-Schüler Benjamin Thomae verantwortlich. Der *Altar* (1648), der wie die Taufe aus der Pillnitzer Schlosskirche stammt, ist eine Arbeit des Bildhauers Johann Georg Kretzschmar. Er gehört zu den wenigen Ausstattungsstücken dieser Art, die aus der Zeit nach dem Dreißigjährigen Krieges erhalten geblieben sind.

Im Bereich des Pillnitzer **Großen Berges** lohnt es sich zu wandern, denn die Aussicht auf die weite Landschaft ist herrlich. Auch finden sich noch vereinzelt Relikte des historischen Weinanbaus, so die *Weinpresse* (1827) am Bergweg. Nordwestlich der Weinbergkirche liegt – leicht versteckt – eine künstliche *Ruine* von 1785, die Johann Daniel Schade im Stil der Neogotik gestaltete.

89 Schloss Pillnitz

Kunstgewerbemuseum Dresden

In der einstigen Sommerresidenz des Dresdner Hofes, einem harmonischen Zusammenspiel von Architektur und Natur, zeigt das Kunstgewerbemuseum seine Schätze.

Staatl. Kunstsammlungen Dresden
Tel. 03 51/49 14 20 00
www.skd-dresden.de
Bergpalais Mai–Okt. Di–So 10–18 Uhr,
Wasserpalais Mai–Okt. Mi–Mo
10–18 Uhr
Neues Palais: Mai–Okt. tgl. 10–18 Uhr
Bus 83 bis Pillnitzer Platz und
Sächsische Dampfschiffahrt

Weit geschwungen und von steinernen Sphinxen eingefasst führt die große Freitreppe vom Elbufer hinauf zum Wasserpalais. Über sie schritten einst Sachsens Kurfürsten und Könige, nachdem sie mit Gondeln aus Dresden angereist waren. 1725 erlebte Pillnitz anlässlich der Hochzeit von Prinzessin Auguste Constantine, der ältesten Tochter von August dem Starken und Reichsgräfin Cosel, sein aufwendigstes Fest. Vier Wochen lang feierten und tafelten damals die Gäste.

Bereits 1694 gelangte das damals noch deutlich bescheidenere Schloss in den Besitz der sächsischen Kurfürsten. Damals erwarb es Kurfürst Johann Georg IV. für seine kaum zwanzigjährige Mätresse *Magdalene Sibylle von Neidschütz*. Ob die beiden sich jemals darin verlustieren konnten, ist nicht bekannt, denn wenige Monate später starben sie an den Pocken.

Ganz in der Tradition seines Bruders behielt auch August der Starke, der Nachfolger Johann Georgs, das Schloss nicht für sich, sondern beglückte damit seine berühmteste Mätresse, die *Reichsgräfin von Cosel*. Als diese bei ihm in Ungnade gefallen war und sich der Kurfürst das Anwesen wieder angeeignet hatte, ließ er es ab 1718 von Matthäus Daniel Pöppelmann und Zacharias Longuelune ›indianisch‹ umgestalten. Mit ›indianisch‹ war damals Indien gemeint, mit dem wiederum der gesamte Ferne Osten bezeichnet wurde. So bildete das **Wasserpalais** (1720/21) das erste Beispiel des sog. Chinoiseriestils in Europa. 1722/23 kam das spiegelgleiche **Bergpalais** hinzu. Die Seitenflügel (1788–91) der beiden Palais wurden nach Plänen von Christian Traugott Weinlig und Johann Daniel Schade erbaut. Sie waren als Unterkünfte für Hofbedienstete bestimmt.

Sowohl Wasser- als auch Bergpalais beherbergen heute das 1876 noch ›königlich‹ gegründete **Kunstgewerbemuseum Dresden**. Die nach dem Zweiten Weltkrieg in die Sowjetunion verbrachten Preziosen kehrten 1958 nach Dresden zurück und konnten 1963 im Pillnitzer Wasserpalais wieder gezeigt werden. Präsentiert wird europäisches Kunsthandwerk vom *Mittelalter* bis zur *Gegenwart*: Musikinstrumente, Keramik, Metall- und Edelmetallarbeiten und Textilien. Etwa 2500 Möbel nennt das Museum sein Eigen, darunter viele aus den *Deutschen Werkstätten* in *Hellerau* [Nr. 69]. Auch *DDR-Design* ist in der Ausstellung vertreten.

ab. Es entstand an der Stelle des 1818 abgebrannten Renaissanceschlosses, in dem die Mätressen der Kurfüsten Johann Georg IV. und Augusts des Starken gewohnt hatten. Es passt sich mit seinen geschwungenen Dächern harmonisch den Nachbarbauten an. In seinem Inneren befindet sich das *Schlossmuseum*, in dem besonders die Hofküche mit ihrer Ausstellung zur barocken Kochkunst und die Schlosskapelle faszinieren. Die Festkultur zur Zeit des Barocks und das höfische Leben auf Schloss Pillnitz werden ebenfalls thematisiert.

TOP TIPP Ein Werk mehrerer Generationen ist der **Schlosspark** von Pillnitz. In ihm steht die um 1790 erbaute *Rote Tritonengondel*, eine der zahlreichen Schaluppen, mit denen sich Angehörige des Hofes auf der Elbe herumfahren ließen. Eine dendrologische Kostbarkeit stellt die um 1780 gepflanzte *japanische Kamelie* dar, an der sich von März bis Mai bis zu 300 000 dunkelrote Blüten öffnen. Sie ist heute 8,50 m hoch und hat einen Kronendurchmesser von 12 m. Von vier im 18. Jh. nach Europa gebrachten Exemplaren blieb jenes in Pillnitz als Einziges erhalten. Im Winter schützt den empfindlichen Baum seit 1992 ein 54 t schweres Stahl-Glas-Haus mit einem Außendurchmesser von 14,35 m.

Das **Neue Palais** (1822), von Christian Friedrich Schuricht im Stil des Klassizismus mit barocken Anklängen errichtet, schließt die Anlage nach Südosten hin

Links: *Schloss Pillnitz war eines der ambitionierten Projekte Augusts des Starken, hier das Wasserpalais mit Freitreppe (1720/21) hinunter zur Elbe*

Unten: *Den Verlockungen barocker Kochkunst kann nachspüren, wer das Schlossmuseum im Neuen Palais besucht*

Ausflüge in die Umgebung – weißes Gold und Gipfelblicke

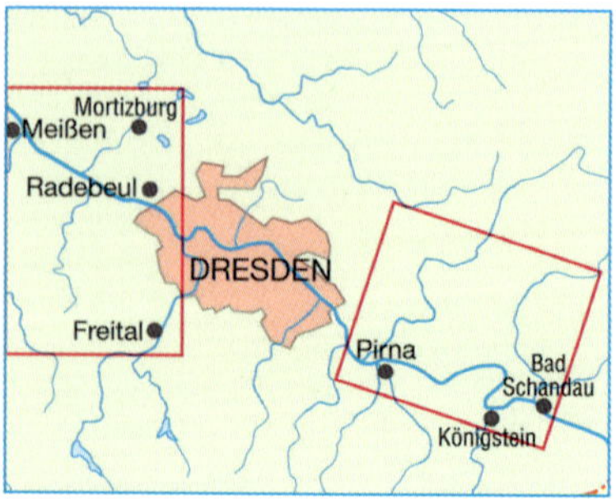

Landschaftliche Vielfalt bietet Dresdens Umgebung, in die kunst- und kulturhistorische Kostbarkeiten gebettet sind. Wie etwa **Meißen**, die ›Wiege Sachsens‹ und Herkunftsort des weltberühmten Porzellans. Die Fahrt dorthin – ob auf der Elbe oder der Straße – führt an den Hängen des kleinsten und nördlichsten **Weinanbaugebietes** Deutschlands vorbei. Nicht wenige Dresden-Besucher lassen sich in der warmen Jahreszeit mit einem der nostalgischen *Schaufelraddampfer* elbaufwärts tragen, in das **Elbsandsteingebirge**, die Sächsische Schweiz mit ihren wuchtigen und bizarren *Sandsteinfelsen* und *beschaulichen Tälern*. Nicht alle, die im **Kurort Rathen** die Dampfer verlassen, streben der **Bastei** zu – der Attraktion des Gebirges. Das Ziel vieler ist die **Felsenbühne Rathen**, auf der oft die Helden Karl Mays agieren – eines der schönsten Naturtheater Deutschlands.

90 Meißen

Die ›Wiege Sachsens‹, berühmt geworden durch das Porzellan mit den ›Gekreuzten Schwertern‹ auf der Unterseite.

Nordwestlich von Dresden
S-Bahn 1 bis Meißen Hbf und Sächsische Dampfschiffahrt

Wer zartes Glockenspiel vernimmt, befindet sich unweit des traditionsreichen Meißner Marktplatzes. Die Glocken, 37 an der Zahl, hängen seit 1929 im Turm der Frauenkirche, sie sind – wie könnte es in Meißen anders sein – aus dem berühmten Porzellan hergestellt. Die Silhouette von Meißen (32 000 Einwohner) prägt der Burgberg mit der Albrechtsburg und dem Dom. Zahlreiche Gassen mit unzähligen Stufen führen zum Burgberg hinauf.

Geschichte Unterhalb der von Heinrich I. im Jahr 929 gegründeten Burg entstand die Stadt Meißen. Um 1200 wurde die Siedlung planmäßig zur Bürgerstadt mit dem Marktplatz als Kernstück erweitert. Der Burgberg war als *Herzogsresidenz* und *Bischofssitz* das Machtzentrum, er verlor seine Bedeutung mit der Reformation und der Verlegung der Residenz nach Dresden im 15. Jh. Die Burg baute Arnold von Westfalen, einer der besten Baumeister seiner Zeit, 1471–85 zum Schloss um – dem ersten in Mitteleuropa. August der Starke richtete hier 1710 die *Porzellan-Manufaktur* ein, hinter den dicken Mauern glaubte er das Produktionsgeheimnis sicher.

Besichtigung Als einer der schönsten gotischen Profanbauten gilt **Schloss Albrechtsburg** (Domplatz 1, Tel. 03521/47070, www.albrechtsburg-meissen.de, März–Okt. tgl. 10–18 Uhr, Nov.–Febr. 10–17 Uhr). Heute gibt in den Räumen eine Ausstellung Einblick in das sächsische Kunstschaffen vom 12. bis 16. Jh. Eine eigene Abteilung informiert über Böttger, den Erfinder des Porzellans. Der Bau des Treppenaufgangs *Großer Wendelstein* war seinerzeit eine technische Meisterleistung und einmalig in Deutschland. Die Ausmalung der Räume mit Darstellungen aus der Burggeschichte erfolgte 1873–82 durch Professoren der Dresdner Kunstakademie.

Der **Dom** (www.dom-zu-meissen.de, Tel. 03521/452490, April–Okt. tgl. 9–18 Uhr, Nov.–März tgl. 10–16 Uhr; Mai–Okt. Mo–Sa 12 Uhr Orgelmusik) bildet mit der Albrechtsburg ein Ensemble. Mitte des 13. Jh. als Basilika begonnen, wurde er im 14. Jh. zur dreischiffigen Hallenkirche aus-

Burg und Dom beherrschen das Stadtbild der einstigen Residenzstadt Meißen

gebaut. Das Gotteshaus war einst Hauptkathedrale des Bistums Meißen. Seine Ausstattung gehört zu den reichsten in Sachsen. Die Stifterfiguren im *Inneren* sind hervorragende bildhauerische Werke aus dem 13. Jh., das Chorgestühl stammt aus den Jahren 1529/30. Von den zahlreichen Grabplatten ist die für Markgraf Friedrich den Streitbaren (1370–1428) von besonderer kulturgeschichtlicher Bedeutung. Sie stammt vermutlich aus der Nürnberger Erzgießerwerkstatt Vischer.

1864/65 zog die **Porzellan-Manufaktur Meissen** vom Burgberg in die Talstraße 9. Hier sind in der Schauhalle des **Porzellanmuseums** (Tel. 03521/468280, www.meissen.com, Mai–Okt. tgl. 9–18 Uhr, sonst bis 17 Uhr) über 3000 jährlich wechselnde Exponate von der Zeit um 1710 bis zur Gegenwart zu sehen. Star der Schau ist das ›Zwiebelmuster‹, das erfolgreichste Tafelgeschirr der Manufaktur, von dem es mittlerweile etwa 750 verschiedene Einzelstücke gibt. In zwei Schauwerkstätten lernen die Besucher die einzelnen Arbeitschritte , das Drehen, Bossieren sowie die Unter- und Aufglasurmalerei kennen.

Den **Markt** zieren das Rathaus (1472) und schmucke Bürgerhäuser. Vom Turm der Mitte 15. Jh. erbauten **Frauenkirche** (Tel. 03521/453832, Mai–Okt. tgl. 10–12 und 14–16 Uhr) hat man einen wunderschönen Blick über die Stadt. Weithin bekannt wurde die Weingaststätte ›**Vincenc Richter**‹ in einem hübschen Fachwerkhaus, dessen Innenausstattung teilweise aus Meißner Raritäten besteht.

Praktische Hinweise

Information

Tourist Information, Markt 3, 01662 Meißen, Tel. 03521/41940, Fax 03521/419419, www.touristinfo-meissen.de

Schöner Tafeln – die Porzellan-Manufaktur Meissen präsentiert gediegene Tischkultur

Schloss Moritzburg, Jagdschloss Augusts des Starken, liegt inmitten eines künstlichen Teiches

91 Moritzburg

Ein wunderschönes Barockschloss, der am weitesten im Binnenland gelegene Leuchtturm Europas und eine zauberhafte Landschaft.

Nordwestlich von Dresden
Bus 326, 457, 458

›See-Festung‹ und ›Liebesschloss‹ war die Moritzburg zu Zeiten von August dem Starken. Hier jagte der Kurfürst Hirsche – und die berühmten schönen Sächsinnen. Nahe bei Dresden, in einem wildreichen Waldgebiet, von zahlreichen Seen durchzogen, bot der Ort ideale Jagdbedingungen. Augusts erste Mätresse, *Maria Aurora Gräfin von Königsmarck*, nannte ihren 1696 geborenen Sohn – wohl in Erinnerung an manche mit dem Kurfürsten im Schloss verbrachte Liebesnacht – nach diesem Bauwerk: Moritz. Wie dieser Moritz Graf von Sachsen 1725 und 1746 als Marschall von Frankreich aussah, haben Jean Marc Nattier und Jean Etienne Liotard in Gemälden festgehalten, die in der Dresdner Gemäldegalerie Alte Meister [Nr. 6] hängen. Die reizvolle Gegend um das Schloss, als **Kulturlandschaft Moritzburg** bezeichnet, ist eine im europäischen Rahmen einmalige, über 400 Jahre hinweg schöpferisch gestaltete Landschaft.

Top Tipp

Einen Besuchermagnet im hübschen Moritzburg bildet das am Wasser gelegene barocke **Schloss Moritzburg** (Tel. 03 52 07/87 30, www.schloss-moritzburg.de, April–Okt. tgl. 10–17 Uhr, Nov., Dez., Febr., März Di–So 10–16 Uhr, Jan. Sa/So 10–16 Uhr) mit seinen vier mächtigen Rundtürmen. Sein heutiges Aussehen bekam es 1723–36 unter August dem Starken, die Umgestaltung leiteten Matthäus Daniel Pöppelmann und Zacharias Longuelune. Die Anlage mit ihren vier Prunksälen und über 200 Räumen ist bis heute unverändert erhalten geblieben. Bis zum Ende des Zweiten Weltkrieges war sie Wohnsitz der Wettiner. Seit 1947 sind Teile des Schlosses als *Museum* zugänglich. An der Innenausstattung waren die besten Künstler beteiligt, die im 18. Jh. in Dresden wirkten. Zu sehen ist barocke Wohnkultur aus der Zeit Augusts des Starken. In der Hofküche erfährt der Besucher, was zu Augusts Zeiten Leib und Magen zusammen hielt. Zu den weiteren Kostbarkeiten gehören u. a. die vergoldeten *Ledertapeten* (17. Jh.). Die Dekoration der meisten Räume ist thematisch der höfischen Jagd gewidmet, die Sammlung der *Rothirschgeweihe* gilt als eine der bedeutendsten der Welt.

Das nahe gelegene zierliche **Fasanenschlösschen** (Tel. 03 52 07/87 30, Juni–Okt.

10–17 Uhr stdl. Führungen) schufen Johann Daniel Schade und Johann Gottlob Hauptmann in der zweiten Hälfte des 18. Jh. Nur Attrappe ist der *Leuchtturm* (1780–90) am kleinen Hafen des Gondelteiches. Im seit dem 16. Jh. bestehenden **Wildgehege Moritzburg** (Tel. 03 52 07/814 88, www.smul.sachsen.de, März–Okt. tgl. 10–18, Nov./Dez. tgl. 9–16, Jan./Febr. Sa/So und Winterferien in Sachsen tgl. 9–16 Uhr; tgl. 14.30 Uhr Fütterung) nordwestlich vom Fasanenschlösschen lebt Rot-, Dam- und Schwarzwild unter natürlichen Bedingungen. An drei Sonntagen im September zieht die *Moritzburger Hengstparade* des Sächsischen Landgestüts Tausende Besucher aus nah und fern an.

Das **Käthe Kollwitz Haus** (Meißner Straße 7, Tel. 03 52 07/828 18, www.kollwitz-moritzburg.de, April–Okt. Mo–Fr 11–17, Sa/So 10–17 Uhr, Nov.–März Di–Fr 12–16, Sa/So 11–16 Uhr) im *Rüdenhof*, unweit des Schlosses Moritzburg, erinnert an die Künstlerin Käthe Kollwitz (*1867), die hier am 22. April 1945 verstarb. Tagebuchaufzeichnungen und Originalgraphiken dokumentieren ihr Leben und Werk.

Eine Fahrt nach Radebeul kann zum besonderen Erlebnis werden, wenn man die von einer Dampflokomotive gezogene **Schmalspurbahn** benutzt. Die 1884 eingeweihte 750-mm-Trasse von Radebeul Ost nach Radeburg ist 16,5 km lang. Die Geschwindigkeit beträgt noch heute etwa 30 km/h. Elf Stationen werden von den Zügen bedient, von Moritzburg nach Radebeul dauert die Fahrt 30 Minuten.

92 Radebeul

Wallfahrtsort für die Fans von Winnetou und Old Shatterhand.

Nordwestlich von Dresden
S1 bis Radebeul Ost

Durch den Zusammenschluss von ursprünglich zehn Gemeinden, deren Geschichte teilweise bis ins 8. Jh. zurückreicht, entstanden 1924 zunächst die Orte Radebeul und Kötzschenbroda, die 1935 zur Stadt Radebeul vereint wurden.

Die landschaftliche Lage und ein besonders mildes Klima machten die Gegend zu einem *Obst-* und *Weingarten*, aber auch zu einem begehrten Wohnbezirk für Wohlhabende, zu denen auch der Bestsellerautor **Karl May** (1842–1912) gehörte. Die Bücher des Schöpfers von Winnetou und Old Shatterhand wurden in 28 Sprachen übersetzt, die Gesamtauflage beträgt mehr als 80 Mio. Exemplare.

Für viele May-Fans ist daher die *Villa Shatterhand*, die heute das **Karl-May-Museum** (Karl-May-Str. 5, Tel. 03 51/837 30 10, www.karl-may-museum.de, März–Okt. Di–So 9–18 Uhr, Nov.–Febr. Di–So 10–16 Uhr) beherbergt, der Grund für einen Besuch in Radebeul. In dem stattlichen Gebäude hat der erfolgreiche Schriftsteller seine letzten Lebensjahre verbracht. In der *Villa Bärenfett*, einem Blockhaus von 1925 im Garten der May-Villa, ist eine prachtvolle Sammlung zur Lebensweise der Indianer Nordamerikas zu sehen, zusammengetragen hat sie der weit gereis-

Lehrreiche Lederhäute: Die Räume von Schloss Moritzburg prunken mit bemalten Ledertapeten – dargestellt sind mythologische Jagdszenen

Famos ist die Aussicht über Dresden vom Spitzhaus, zu dem die längste Treppenanlage Dresdens führt. Auch August der Starke schätzte die Lage und feierte hier rauschende Feste

te Artist Patty Frank. Auf dem **Friedhof Radebeul Ost**, Serkowitzer Straße, wurde für den 1912 verstorbenen Karl May eine bombastische Grabanlage errichtet.

Für kulturellen Genuss sorgen die **Landesbühnen Sachsen** (Meißner Str. 152, www.dresden-theater.de), deren Stammhaus sich in Radebeul befindet.

Erhalten haben sich um Radebeul auch historische Weingüter, so das von Johann Christoph Knöffel für den General Graf von Wackerbarth 1727–29 erbaute **Schloss Wackerbarth** (Tel. 03 51/895 50, www.schloss-wackerbarth.de, Markt tgl. 9.30– 20 Uhr, Touren Mo–Fr 14 Wein und 17 Uhr Sekt, Sa/So 12, 14, 16 Uhr, Schloss So 15 Uhr). Das Sächsische Staatsweingut mit seiner *Wein- und Sektmanufaktur* – der drittältesten in Deutschland – produziert vorzüglichen Rebensaft aus Riesling- oder Müller-Thurgau-Trauben. Wahrzeichen der Anlage mit herrlichem Barockgarten ist das Belvedere am Fuße des Weinbergs.

Ebenfalls einen Abstecher wert ist das **Weingut Hoflößnitz**. (Knohlweg 37, Tel. 03 51/839 83 35, www.hofloessnitz.de, Di–Fr 10–13 und 14–18 Uhr, Sa/So 10–18 Uhr), das vielfach als Schloss Hoflößnitz bezeichnet wird. Dessen Gebäude gruppieren sich um einen Hof. Bedeutenster Bau ist das *Berg- und Lusthaus* mit einem Weinbaumuseum. Der Festsaal im Obergeschoss ist mit 80 Deckengemälden des holländischen Malers Albert van dem Eyckhout geschmückt. Die Malereien zeigen exotische Vögel. Das *Kavalierhaus* gegenüber beherbergt einen Weinladen, im *Pressenhaus* kann ein historischer Weinkeller besichtigt werden.

Von Hoflößnitz führt eine barocke Treppe (1747–50), ein Werk von Matthäus Daniel Pöppelmann, zum Aussichtspunkt und Lokal *Spitzhaus*. Es ist die längste Treppenanlage Sachsens, im Volksmund **›Himmelsleiter‹** oder wegen ihrer angeblich 365 Stufen ›Jahrestreppe‹ genannt. In Wirklichkeit sind es jedoch einige Stufen mehr, deshalb verkündet eine Tafel an entsprechender Stelle: »Damit der Volksmund recht behält, wird künftig erst ab hier gezählt. Von hier an ist es wirklich wahr, bis oben hin ergibt's ein Jahr.« Die Mühe des Aufstiegs wird mit einem herrlichen Blick ins Elbtal belohnt.

Zeitreise – Lebensart DDR 1949–1989 (Tel. 03 51/835 17 80, www.ddr-museum-dresden.de, Di–So 10–18 Uhr) ist der vielsagende Titel einer Ausstellung in den sozialistischen Industriebauten des Wasaparkgeländes, die neben Exponaten u. a. zu den Themen Wohnen, Lebensart und Mode eine umfangreiche Sammlung von Autos und Motorrädern aus DDR-Zeiten zeigt.

i Praktische Hinweise

Information

Tourist Information, Meißener Str. 152, 01445 Radebeul, Tel. 03 51/895 41 20, 03 51/895 41 22, www.radebeul.de

Hotels

******Steigenberger Parkhotel Dresden-Radebeul**, Nizzastr. 55, Tel. 03 51/832 10, Fax 03 51/832 14 45, www.dresden.steigenberger.de. Vorzügliches Hotel mit allem Komfort.

93 Tharandter Wald

Eines der schönsten und größten Waldgebiete Sachsens.

Südwestlich von Dresden
Regionalbus SEV ab Dresden Hbf bis Tharandt Bhf

Täler und Bäche, Bergkuppen, Felsen und herrliche Mischwälder – das alles macht das 6000 ha große Gebiet nahe Dresden zu einem beliebten Ausflugsziel. Der Wald war früher Forst- und Jagdrevier der Kurfürsten. Im Zentrum der grünen Oase befindet sich das zum *Kurort Hartha* gehörende **Jagdschloss Grillenburg** (Hauptstr. 7, Tel. 03 52 02/5880, Di–So 10–17 Uhr) mit dem *Museum des Waldes*, einer jagd- und forstwirtschaftlichen Lehrschau. Der **Forstbotanische Garten** (Am Forstgarten 1, Tel. 03 52 03/383 12 74, www.forst.tu-dresden.de/Fgarten, April–Okt. Di–Do 11.30–14, Sa/So 11–15.30 Uhr) von *Tharandt* (3000 Einw.) entstand mit der 1811 von Heinrich Cotta gegründeten Forstlehranstalt, aus der fünf Jahre später die Königliche Sächsische Forstakademie hervorging. Das knapp 18 ha große Areal mit 12 km befestigten Wegen ist die älteste wissenschaftliche Sammlung lebender Gehölze der Welt. Mit über 3000 verschiedenen Arten ist es aber auch zugleich der größte Forstpark in Europa. Hier kann auch der ›Vater der Forstwissenschaft‹, wie Cotta genannt wird, betrachtet werden: Die *Bronzebüste Cottas* (1851) hat Ernst Rietschel geschaffen. Malerisch thront über Tharandt die Ruine einer alten **Burg** (13. Jh.). ›Heilige Hallen‹ tauften die Romantiker den Rotbuchenwald am Hang des *Weißeritztales* oberhalb des Städtchens.

94 Schloss Weesenstein

Verschiedene Baustile prägen das über viele Generationen entstandene Bauwerk.

Südöstlich von Dresden im Müglitztal
Am Schlossberg 1
Tel. 03 50 27/62 60
www.schloss-weesenstein.de
April–Okt. tgl. 9–18 Uhr,
Nov.–März tgl. 10–17 Uhr

Das Weesensteiner Schloss, auf einem *Felskegel* an der Talstraße von Heidenau ins östliche Erzgebirge gelegen, zählt zu

Schloss Weesenstein hat eine lange Baugeschichte, die mit dem Rundturm um 1300 begann

den schönsten Schlössern Sachsens. Die Gebäudeteile, die durch Treppenhäuser miteinander verbunden sind, fügen sich trotz ihrer verschiedenen Baustile harmonisch zu einer Anlage. 1830 erwarben die Wettiner den erstmals 1318 als Burg erwähnten Bau. König Johann (1801–1873) betrieb hier seine wissenschaftlichen Studien.

Weesenstein prägen Baustile von der Gotik bis zum Klassizismus. Der **Rundturm** (um 1300) ist der älteste Teil, später wurden Burg und Schloss von der Felskuppe aus von oben nach unten erweitert, einige Räume sogar direkt aus dem Felsen geschlagen. Mit der Wandlung der Wehrburg zum Wohnschloss bauten die jeweiligen Schlossbesitzer immer wieder neue Gebäude an und verhalfen dem Bauwerk so zu seinem recht eigenartigen Aussehen. Prachtvoll anzuschauen sind der *Festsaal* mit seiner üppig stuckierten Decke und kostbaren französischen Ledertapeten (um 1720). In den königlichen Gemächern gehören neben wertvollen Tapeten auch Möbel und Kunsthandwerk des 18./19. Jh. zur Ausstattung. Eine Ausstellung widmet sich dem Leben und Wirken König Johanns von Sachsen. Auch die Geschichte des Geschlechts derer von Bünau, die das Schloss ab 1406 für über drei Jahrhunderte besaßen, wird dokumentiert. Die *Schlosskapelle* (1738–41), ein Werk von Johann Georg Schmid, ist original erhalten. Die Altarfiguren aus Holz stammen vermutlich vom Permoser-Schüler Benjamin Thomae.

95 Barockgarten Großsedlitz

Die vollkommenste Anlage eines Barockgartens in Sachsen.

Südöstlich von Dresden
Parkstr. 85, Heidenau-Großsedlitz
Tel. 035 29/563 90
www.barockgarten-grosssedlitz.de
April–Sept. tgl. 8–20 Uhr, Okt.–März tgl. 8 Uhr bis zur Dämmerung
Führungen April–Okt. So 11 Uhr
S1 bis Heidenau-Großsedlitz, dann ca. 15 Min. Fußweg

Der Park, eine der schönsten Kreationen französischer *Gartenbaukunst* auf deutschem Boden, gilt als die großartigste Anlage aus der Zeit Augusts des Starken. Auf den gepflegten Wegen promenierten einst Damen in steifen Reifröcken und Herren mit langen Perücken, auf rauschenden Festen amüsierten sie sich bei Spiel und Tanz. Sein heutiges Aussehen bekam der Park, nachdem ihn August der Starke von Graf von Wackerbarth erworben hatte. Die Anlage gestalteten 1723–26 Matthäus Daniel Pöppelmann, Zacharias Longuelune und Johann Christoph Knöffel. Als 1732 die finanziellen Mittel ausgingen, wurden die Baumaßnahmen eingestellt. Heute bietet er sich dem Besucher nach umfassender Restaurierung seit der Wende wieder als großartiges Gartenkunstwerk des augusteischen Zeitalters dar.

Als ›Festsaal‹ des Gartens gilt das **Parterre** zwischen der Unteren Orangerie und der **›Stillen Musik‹** – einem von einer doppelläufigen Treppenanlage eingerahmten Fontänebecken mit geschwungenen Balustraden und musizierenden Putten. Dieses Kunstwerk trägt die Handschrift Pöppelmanns. 52 *Skulpturen*, zum Teil von Benjamin Thomae und Johann Christian Kirchner gestaltet, versetzen den Betrachter in die antike Sagenwelt. Die hier damals aufragende alte Friedensburg wurde 1872– 74 durch ein kleineres Bauwerk, das **Friedrichschlösschen**, ersetzt.

Zum Barockgarten Großsedlitz und seinen antiken ›Bewohnern‹ gehört auch diese Sphinx

96 Pirna

Die Stadt gilt als das westliche Tor zum Elbsandsteingebirge.

Südöstlich von Dresden
S1 bis Pirna

Pirna (45 000 Einwohner) hat sich viel von seinem historisch-kleinstädtischen Aussehen bewahrt. Wer's nicht glaubt, sollte sich *Canalettos* Bild ›Der Marktplatz von Pirna‹ anschauen, das die Gemäldegalerie Alte Meister in Dresden [Nr. 6] besitzt. Im späten Mittelalter war das 1233 erstmals genannte Pirna wichtigster *Handels-* und *Umschlagplatz* zwischen Sachsen und Böhmen. Im 18. und 19. Jh. gewann es Bedeutung durch die Sandsteingewinnung. Aus diesem Material bestehen auch die kunstvollen *Sitznischenportale*, die viele Häuser Pirnas schmücken

Übrigens: Der Reisende muss sich in dieser Stadt entscheiden, ob er das linkselbische oder das rechtselbische Gebiet der *Sächsischen Schweiz* besuchen möchte, denn die nächste Brücke führt erst im 18 km entfernten Bad Schandau über den Fluss.

Der **Marktplatz** sollte als Ausgangspunkt für den Stadtbummel gewählt werden, hier steht das *Rathaus* mit der Kunstuhr (1612) an der Ostseite: Zu jeder vollen Stunde schlagen zwei Löwen mit ihren Pranken. Das *Bürgerhaus* (1520) am Markt-

Oben: *Die spätgotische Hallenkirche St. Marien in Pirna begeistert durch Raumweite, harmonische Proportionen und die reiche Deckenmalerei*
Unten: *Wie in den Ästen eines Baumes erscheinen die Szenen vom Sündenfall Adams und Evas über dem riesigen Rundpfeiler*

platz 7 gilt als das erste Renaissancegebäude Sachsens. Benannt ist es nach Canaletto, weil dieser es in den Mittelpunkt seines berühmt gewordenen Bildes rückte. In der südlichen Parallelstraße des Marktes, der Schmiedestraße, Haus Nr. 19, kam 1465 **Johannes Tetzel** zur Welt, der durch seinen Ablasshandel zum Widersacher Martin Luthers wurde.

Ein weiteres dominantes Bauwerk der Altstadtsilhouette, das Canaletto auf seinem Bild festgehalten hat, ist die Stadtkirche **St. Marien** (1502–46), eine der großartigsten spätgotischen Hallenkirchen Sachsens. Die Ausmalung des Deckengewölbes stammt von 1544–46. Die im Zweiten Weltkrieg zerstörte ehem. Dominikaner-Klosterkirche (14. Jh.), die heutige katholische Kirche **St. Heinrich**, wurde wieder aufgebaut. In das Kapitelsaalgebäude des Klosters zog das **Stadtmuseum Pirna** (Klosterhof 2/3, Tel. 035 01/52 79 85, www.pirna.de, Di–So 10–17 Uhr).

Auf der **Festung Sonnenstein**, oberhalb der Stadt wurde 1811 eine Pflege- und Heilanstalt für geistig Behinderte eingerichtet. An die grauenvolle Zweckentfremdung der Anlage zwischen Mai 1940 und August 1941 erinnert eine **Gedenkstätte** (Tel. 035 01/71 09 60, www.stsg.de, Mo–Fr 9–15 Uhr) in einem der Gebäude. In dieser Zeit vergasten die Nationalsozialisten hier etwa 15 000 behinderte Menschen.

i Praktische Hinweise

Information

TouristService, Am Markt 7, 01796 Pirna, Tel. 035 01/55 64 46, Fax 035 01/46 57 15, www.pirna.de

97 Richard-Wagner-Museum

In einem Bauernhaus am Rande von Dresden wurde die Oper ›Lohengrin‹ skizziert.

Östlich von Dresden
Interimausstellung Badstraße 3, Graupa
Tel. 035 01/45 82 29
www.richardwagnermuseum.de
Di–So 10–16 Uhr
Bus 83 bis Bonnewitz

»Gott sei Lob, ich bin auf dem Lande (...) Ich wohne in einem gänzlich unentweihten Dorfe, – ich bin der erste Städter, der sich hier eingemiethet hat (...)«, schrieb Deutschlands großer Musikdramatiker *Richard Wagner* an seinen Freund Karl Gaillard. Das ›unentweihte Dorf‹ heißt Graupa und liegt unmittelbar hinter der östlichen Dresdner Stadtgrenze. Im heutigen **Lohengrinhaus** (Richard-Wagner-Straße 6, nach Renovierung ab 2008 geöffnet), das damals den Namen *Schäfersches Gut* trug, verbrachte er 1846 drei Sommermonate. Hier, so schrieb er, begann er »als Mensch und Künstler aufzuathmen«. Wagner, damals Hofkapellmeister in Dresden, und seine erste Frau Minna hatten zwei bescheidene Zimmer im Obergeschoss des Bauernhauses gemietet. 1881 besuchte Wagner mit seiner zweiten Frau Cosima und den Kindern Siegfried und Eva nochmals das Dorf am Fuße des Borsberges. Er wollte ihnen zeigen, wo er am ›Lohengrin‹ gearbeitet hatte. 1907 richtete der Leipziger Universitätsprofessor Max Gaßmeyer in dem Gebäude eine Gedenkstätte für Richard Wagner ein.

Das Lohengrinhaus ist nicht der einzige Wagner'sche Erinnerungsort in Graupa. Bis zur Eröffnung des neu gestalteten Wagner-Museums im ehem. **Jagdschloss** (wohl 2009) von Graupa ist in der Badstraße eine **Interimausstellung** zu sehen, die über Wagners Dresdner Jahre 1842–49 informiert. Zu sehen sind u.a. die früheste erhaltene Wagner-Fotografie (um 1840), Originalhandschriften sowie zeitgenössische Orchesterinstrumente.

Nahebei beginnt der *Lochmühlenweg*, auf dem Wagner gern wanderte. Der Pfad führt zum Liebethaler Grund mit dem bronzenen **Richard-Wagner-Denkmal** (1933). Richard Guhr hat den Komponisten als Gralshüter dargestellt.

98 Burg Stolpen

Durch die legendäre Reichsgräfin von Cosel, die ›sächsische Pompadour‹, gelangte die Wehranlage zu Ruhm.

In der Senke zwischen dem Elbsandsteingebirge und dem Lausitzer Bergland
Schlossstraße 10, Stolpen
Tel. 03 59 73/234 10
www.burg-stolpen.de
April–Okt. tgl. 9–17 Uhr,
Nov.–März tgl. 10–16 Uhr

Die 1218 erstmals erwähnte Burg Stolpen war mehr als 300 Jahre lang Eigentum

Burg Stolpen – hier verbrachte Gräfin Cosel als Verbannte 49 Jahre bis zu ihrem Tod

der Meißner Bischöfe, 1558 ging sie in kurfürstlichen Besitz über. Napoleon ließ 1813 viele Bauten sprengen, dennoch zählt sie mit ihren großteils Anfang des 16. Jh. entstandenen Gebäuden zu den am besten erhaltenen Wehranlagen Sachsens.

Die meisten Bauten der Burg können besichtigt werden. Im **Marstall** (Burghof I) ist eine Kutschensammlung zu sehen, es gibt eine Folterkammer und eine Ausstellung historischer Waffen.

Von 1716 bis zu ihrem Tod 1765 – also 49 Jahre lang – war auf der Burg die berühmteste Mätresse von August dem Starken, *Anna Constantia Reichsgräfin von Cosel*, Staatsgefangene. Zunächst wohnte sie im Zeughaus, von dem heute nur noch die Grundmauern stehen. Später zog sie in den **Johannisturm** (Burghof II), der deshalb im Volksmund *Coselturm* heißt. In dessen Inneren berichtet eine kleine Ausstellung über die prominente Gefangene. Im obersten Geschoss wird die Festungsgeschichte geschildert.

Das Grab der Gräfin wurde 1881 in den noch heute zu sehenden Resten der Burgkapelle im Burghof IV entdeckt. Der in den Fels getriebene *Brunnen* (1608–30) vor der Kapelle gilt mit seinen 82 m als der tiefste Basaltbrunnen der Welt. Vom Hochschloss am oberen Ende der Burg schließlich genießt man einen herrlichen Blick über Stolpen bis ins Osterzgebirge und nach Böhmen.

Den denkmalgeschützten Altstadtkern von **Stolpen** mit seinen engen Gassen prägen vorwiegend Bürgerhäuser des 18. und 19. Jh. Das *Alte Amtshaus* von 1673, das am fast quadratischen Marktplatz steht, ist das älteste Gebäude (heute Sparkasse) des Ortes. Im *Neuen Kurfürstlichen Amtshaus* (1680) hatte sich 1813 Kaiser Napoleon I. einquartiert.

99 Elbsandsteingebirge
Sächsische Schweiz

TOP TIPP *Mächtige Tafelberge, steile Felsen, bizarre Wände, tiefe Schluchten und Höhlen – ein fabelhaftes Naturkunstwerk.*

Südöstlich von Dresden
S1 Richtung Schönau, mehrere Stationen zwischen Stadt Wehlen und Schmilka [s. Plan S. 120/121]; Sächsische Dampfschiffahrt bis Bad Schandau

»So schön wie die Schweiz, nur halt ein wenig kleiner«, meinen die Sachsen zu ihrem Elbsandsteingebirge. ›Sächsische Schweiz‹ wird der zu Deutschland gehörende 360 km^2 große Teil des Gebirges genannt. Die Schweizer Maler *Adrian Zingg* und *Anton Graff* sollen diesen Namen ersonnen haben, als sie im 18. Jh. durch die zauberhafte Bergwelt wanderten und diese auf ihren Skizzenblöcken festhielten. Das *Wanderwegenetz* in der Sächsischen Schweiz hat eine Gesamtlänge von 1200 km, das Gebirge ist auch das größte Klettergebiet im Osten Deutschlands. Freigegeben zum *Felsklettern* sind etwa 1100 Gipfel mit rund 14 000 verschiedenen Aufstiegen. Die letzte DDR-Regierung erklärte 1990 zwei große Teile der einmaligen Naturlandschaft zum **Nationalpark**.

Geschichte In der Kreidezeit, vor rund 100 Mio. Jahren, wurden weite Teile Mitteleuropas von einem Meer bedeckt, in dem sich Sand ablagerte und sich allmählich zu einer Steinplatte verdichtete. Tektonische Bewegungen, vor allem im Tertiär, führten zu senkrechten Rissen und Klüften. Die darauf folgende Eiszeit und die bis in die Gegenwart andauernden Verwitterungen des porösen Sandsteins gaben dem Gebirge sein heutiges Aussehen. Die ersten Steinbrüche wurden hier schon im 14. Jh. betrieben. Der Tourismus setzte ein, als eine mühelose Anreise von Dresden mit Dampfschiffen (ab 1837) und mit der Eisenbahn (ab 1851) möglich wurde.

Besichtigung Zum touristischen ›Muss‹ im Elbsandsteingebirge gehört der Blick von der **Bastei** (305 m) auf die 190 m tiefer fließende Elbe und den *Kurort Rathen*. Man sieht zum wohl schönsten Tafelberg, dem **Lilienstein** (415 m), auf dessen Gipfelplateau Eisenleitern führen. Kurort Rathen ist der Ausgangspunkt für jene, die mit der S-Bahn oder dem Dampfer angereist sind und zu Fuß zur Bastei möchten. Autofahrer müssen über Lohmen im Norden fahren, Parkplätze liegen entlang der Basteistraße.

Im *Wehlgrund* beim Kurort Rathen trifft man auf die **Felsenbühne**, auf der die Helden von Karl May und von Webers ›Freischütz‹ agieren. In der Nähe befindet sich der romantische 500 m lange Amselsee, ein beliebter Ruderteich. Auch von **Stadt Wehlen**, die sich trotz ihrer nur etwa 1200 Einwohner kilometerlang an beiden Elbufern erstreckt, führt der Wanderweg zur Bastei. Zum *Wehlener Heimatmuseum* (Lohmener Straße) gehört ein 5400m² großer Pflanzengarten.

Zweites touristisches Zentrum auf dem rechtsseitigen Elbufer ist die *Hintere Sächsische Schweiz* von Bad Schandau bis Hinterhermsdorf und Schmilka.

Bad Schandau, den größten Ferienort des Gebirges, bezeichnete Theodor Körner einst als ›Kraft- und Prachtplatz der Natur‹. Noch vor 200 Jahren war Schandau ein beschauliches Schifferstädtchen. Das Aussehen des Ortes veränderte sich durch den im 19. Jh. beginnenden Kurbetrieb. Den Beinamen Bad führt die Stadt seit 1920. Sehenswert sind am Markt der *Brau- und Gasthof* (1704) mit achteckigem Treppenturm an der Hofseite sowie die *Johanniskirche* (1704–09) mit einem kostbaren Renaissancealtar (1574–79) von Johannes Walther II. aus heimischem Sandstein und Halbedelsteinen vom Erzgebirge. In Schandau befindet sich auch das *Nationalparkhaus Sächsische Schweiz* (Dresdner Straße 2 B, April–Okt. tgl. 9–18, Nov.–März Di–So 9–17 Uhr), das fundiert über Flora und Fauna des Elbsandsteingebirges informiert. Bei schlechtem Wetter bietet sich ein Besuch der **Toskana** *Therme Bad Schandau* (www.toskana-therme.de) mit Schwimmbad, Außenbecken, Whirlpool, Saunagarten etc. an. Zum Villenvorort **Ostrau** führt seit 1904 ein unter Denkmalschutz stehender *Personenaufzug* hinauf. In einer Eisenkonstruktion gleitet die Kabine 50 m hoch. Hinter der Kurpromenade startet die **Kirnitzschtalbahn** (www.ovps.com) (1898) zum kleinen *Lichtenhainer Wasserfall*. Die 7,8 km lange Überlandstraßenbahn wurde eigens für den Touristenverkehr gebaut. Sie führt entlang des Baches Kirnitzsch und vorbei an bis zu 60 m hohen Felswänden. Ein steiler Anstieg führt zum Kuhstall, einem 11 m hohen, 17 m breiten und 24 m tiefen Felsentor.

In Richtung *Schmilka* liegt das etwa 12 km² große Wander- und Klettergebiet der **Schrammsteine** mit seinen stark verwitterten Felsen. Hier erhebt sich auch der *Falkenstein* (378 m), der mit rund 70 Aufstiegen der beliebteste Kletterfelsen in diesem Gebiet ist.

Am Nordrand des Gebirges sitzt malerisch auf einem Berg die **Burg Hohnstein** (12. Jh.). Ein kleines *Burgmuseum* (Ostern–Okt. tgl. 10–17 Uhr) informiert über ihre Geschichte. Auch übernachten kann man in der Burg (s. S. 121).

In **Krippen** am linken Elbufer, gegenüber von Bad Schandau, starb 1895 *Friedrich Gottlob Keller*. Seine Erfindung, die Holzfaser für die Papierherstellung zu verwenden, war Epoche machend. In dem Keller gewidmeten *Museum* ist auch eine rekonstruierte Holzschliffmaschine aus dem 19. Jh. zu sehen.

Touristisches Zentrum am linken Elbufer ist die Stadt **Königstein** mit der **Festung Königstein** (Tel. 03 50 21/646 07, www.festung-koenigstein.de, April–Sept. tgl. 9–20 Uhr, Okt. tgl. 9–18 Uhr, Nov–März tgl. 9–17 Uhr), die 240 m über der Elbe auf einem Tafelberg thront. Die mächtige Burg, einst die stärkste ihrer Art in Deutschland, wurde nie erobert oder zerstört. In unruhigen Zeiten zogen sich die sächsischen Kurfürsten mit ihren Schätzen auf den Königstein zurück, der auch lange Zeit das gefürchtete *Staatsgefängnis* von Sachsen war. Der ›Goldmacher‹ Johann Friedrich Böttger, der Sozialist August Bebel und der Dramatiker Frank Wedekind waren einige der prominenten Häftlinge. Heute gehört die 9,5 ha große Anlage mit einer Ummauerung von 1800 m Länge zu den größten wehrgeschichtlichen **Freilichtmuseen** Europas. Die *Alte Kaserne* (1589) dürfte der älteste Kasernenbau Deutschlands sein.

Grandios sind die Ausblicke von der Basteibrücke aus, die die Mardertelle überspannt

Zu Fuß auf die Bastei

Die Bastei gilt als einer der schönsten Aussichtspunkte Deutschlands. Der kürzeste Aufstieg aus dem Tal zu dem schmalen, zur Elbe hin vorspringenden Felsrücken beginnt mitten im **Kurort Rathen** bei der Gaststätte ›Amselgrundschlösschen‹. Auf dem ausgeschilderten **Basteiweg** sind – fast immer ansteigend – 190 m Höhenunterschied zu überwinden. Der Weg schlängelt sich durch die Felsengasse, vorbei am aufragenden Mönchstein und am Tiedgefels. Von dort hat man eine schöne Aussicht zur **Felsenburg Neurathen**, einem mittelalterlichen Rittersitz, der im 15. Jh. geschleift wurde. Auf einen Rundgang durch das 170 m lange und 100 m breite Burggelände mit den in Sandstein gemeißelten Felsgemächern sollte nicht verzichtet werden. Immer wieder bieten sich Blicke in das Elbtal und auf steile Kletterfelsen, die fantasievolle Namen wie Lokomotive, Mönch und Kleine Gans tragen. Durch das Neurathener Felsentor führt der Weg weiter über die 76 m lange und 3 m breite steinerne **Basteibrücke**, die seit 1851 die 40m tiefe Mardertelle überspannt. Nach etwa 30 Minuten – ohne Besichtigung der Felsenburg gerechnet – ist dann der berühmte, mit einem Eisengeländer versehene **Aussichtspunkt** Bastei erreicht. 1826 öffnete das erste aus Stein gebaute Gasthaus auf der Bastei, 1975–79 entstand ein modernes Gebäude. Seit 1990 empfängt das **Berghotel Bastei** seine Gäste in luftiger Höhe.

Der von Freiberger Bergleuten geteufte *Brunnen* (1563–69) hat eine Tiefe von 152,50 m, sein Durchmesser beträgt 3,50 m. Das *Alte* und *Neue Zeughaus* (1594 bzw. 1631) werden vom Militärhistorischen Museum der Bundeswehr [Nr. 71] für Ausstellungen genutzt.

Die **Marienkirche** (1720–24) in der Stadt ist ein barockes Werk von George Bähr, nach einem Brand wurde sie 1810–23 klassizistisch erneuert. Bei der Sparkasse in der Bielatalstraße steht eine **Postdistanzsäule** von 1727. August der Starke ließ ab 1721 die Landstraßen in Sachsen vermessen und Postsäulen mit Richtungs- und Entfernungsangaben setzen. Die Angaben auf den Säulen verloren ihre Gültigkeit, als 1840 die kursächsische Meile (9062 m) durch die neue Meile (7500 m) abgelöst wurde. Diese wiederum wurde 1873 durch die Metermessung ersetzt.

Etwa 2 km südlich von Königstein erhebt sich der **Pfaffenstein** (428 m), von dem sich der herrlichste Pamoramablick auf das Elbsandsteingebirge bietet. Der Aufstieg zum Felsplateau beginnt im Ort Pfaffendorf durch das sog. *Nadelöhr*.

Eine schlanke, etwa 43 m hohe Felsnadel ist die **Barbarine** südlich vom Pfaffenstein. Das geologische Naturdenkmal musste bereits von Bergsteigern mit Klammern und Zement vor weiterer Erosion gesichert werden. Beeindruckende Naturerlebnisse bietet auch das *Bielatal* südwestlich vom Pfaffenstein. Der Berg *Gohrisch* (448 m), östlich davon, ist wild zerklüftet und wartet mit mehreren Aussichtspunkten auf.

Oben links: *Blick auf die Burg Hohnstein, deren ehrwürdige Gemäuer ein Burgmuseum und das NaturFreundehaus beherbergen*

Oben rechts: *Eines Helden würdig ist der Aufstieg zu den Herkulessäulen, den markanten Sandsteinzinnen im Bielatal*

Praktische Hinweise

Information

Tourist Service, Markt 12, 01814 Bad Schandau, Tel. 03 50 22/900 30, Fax 03 50 22/900 34, www.bad-schandau.de.

Unterkunft

NaturFreundehaus Burg Hohnstein, Am Markt 1, Hohnstein, Tel. 03 59 75/812 02, Fax 03 59 75/812 03, www.nfhw.de. Familien- und Mehrbettzimmer in der Burg Hohnstein über dem Tal der Polenz.

STADTRUNDFAHRT
HUMMEL-BUS
STADTRUNDFAHRT

20
Jahre
Linie 6
Linie 6
Dresden

Dresden aktuell A bis Z

Vor Reiseantritt

ADAC Info-Service:
Tel. 018 05/10 11 12, Fax 018 05/30 29 28 (0,14 €/Min.)

ADAC im Internet:
www.adac.de
www.adac.de/reisefuehrer

Dresden im Internet:
www.dresden-tourist.de
www.dresden.de
www.dresden-online.de
www.dresden-news.com

Informationsmaterial erhält man bei:

Dresden-Werbung und Tourismus GmbH, Ostra-Allee 11, 01067 Dresden, Tel. 03 51/49 19 20, Fax 03 51/49 19 21 16, Touristische Infos: Tel. 03 51/49 19 21 00, Kartenservice: Tel. 03 51/49 19 22 33, Zimmerreservierung: Tel. 03 51/49 19 22 22

Tourismusverband Sächsische Schweiz e.V., Bahnhofstr. 21/22, 01796 Pirna, Tel. 035 01/47 01 47, Fax 035 01/470 11 13, www.saechsische-schweiz.de

Tourismusverband Sächsisches Elbland e.V., Fabrikstr. 16, 01662 Meißen, Tel. 0 35 21/763 50, Fax 035 21/76 35 40, www.elbland.de

Fremdenverkehrsverband Sächsischer Forst – Tharandter Wald e.V., Talmühlenstr. 11, 01737 Kurort Hartha, Tel. 03 52 03/27 33, Fax 03 52 03/307 02, www.tharandter-wald.com

Dresden Days
Das begehrte Pauschalprogramm der Dresden-Werbung und Tourismus GmbH wendet sich vor allem an Individualtouristen. Das Angebot A umfasst zwei Übernachtungen mit Frühstück, die Dresden-City-Card (s. u.) sowie freien Eintritt in die Museen der Staatlichen Kunstsammlungen und weitere Ermäßigungen. Gewählt werden kann unter mehr als 40 Hotels unterschiedlicher Kategorien.

Allgemeine Informationen

Tourist-Informationen

Auskunftsstellen der Dresden-Werbung und Tourismus GmbH mit Zimmervermittlung befinden sich an folgenden zentralen Punkten der Stadt:

Schinkelwache, Theaterplatz, Mai–Okt. Mo–Fr 10–18 Uhr, Sa/So 10–16 Uhr

Pavillon, Prager Straße, Mo–Fr 10–18 Uhr, Sa 10–16 Uhr

Dresden-City-Card

Sie bietet 48 Stunden freie Fahrt mit allen Straßenbahn- und Buslinien sowie den Elbfähren im Stadtbereich, freien Eintritt in die Museen der Staatlichen Kunstsammlungen Dresden sowie zahlreiche Ermäßigungen bei Dampferfahrten, Ausstellungen und weiteren Sehenswürdigkeiten.

Dresden-Regio-Card

Sie gilt für 72 Stunden, bietet alle Vorteile und Vergünstigungen der Dresden-City-Card und zusätzlich freie Fahrt mit der S-Bahn bis nach Meißen und in die Sächsische Schweiz.

Notrufnummern

Einheitlicher Notruf: Tel. 112 (EU-weit, auch mobil: Polizei, Unfallrettung, Feuerwehr)

Ärzte- und Apothekenbereitschaft: Tel. 03 51/8 04 22 51

ADAC-Pannenhilfe: Tel. 018 02/22 22 22

ADAC-Pannenhilfe Mobilfunk: Tel. 22 22 22

ADAC Stau-Info: Mobil 224 99 (0,51 €/Anruf plus Verbindungskosten)

◁ Oben: *Erlebnisreich ist eine Stadtrundfahrt mit dem Hummelbus, originell der Besuch der Lokalität ›Linie 6‹ – Hereinspaziert!*
Mitte: *›Kurfürstlicher Glanz‹ – abendliche Sightseeing-Tour mit Darbietungen edel Gewandeter am Wallpavillon*
Unten: *Farbenfroh und hochgestellt – Fantasie grenzenlos beim Elbhangfest (links). Altbewährt und heißgeliebt sind die erzgebirgischen Schnitzereien (rechts)*

Autobahn-Notrufsäule:
ADAC-Hilfe verlangen

ADAC-Rettungshubschrauber:
Tel. 112

ADAC-Geschäftsstelle: Striesener Str. 37, Dresden, Tel. 03 51/443 30

Österreichischer Automobil Motorrad und Touring Club
ÖAMTC Schutzbrief-Nothilfe:
Tel. 00 43/(0)1/251 20 00

Touring Club Schweiz
TCS Zentrale Hilfsstelle:
Tel. 00 41/(0)224 17 22 00

Apotheken

Im Zentrum befinden sich u. a.:

Saxonia-Apotheke (International), Prager Str. 8 a, Tel. 03 51/490 49 49

Löwen-Apotheke, Wilsdruffer Str. 5, Tel. 03 51/49 71 70

Behinderte

Zugänglich sind u. a. der Zwinger, der Stallhof, die Kathedrale und die Kreuzkirche. Behindertengerechte Zimmer sind in zahlreichen Hotels vorhanden. Auskünfte erteilt die Tourist-Information.

Fundbüro

Fundbüro der Stadt Dresden, Theaterstraße 11–15, 01067 Dresden, Erdgeschoss, Zimmer 052, Tel. 03 51/488 59 96, Mo, Fr 9–12 und Di, Do 9–18 Uhr

Anreise

Auto

Umfangreiches *Informations-* und *Kartenmaterial* können die Mitglieder des ADAC kostenlos bei den ADAC-Geschäftsstellen oder unter Tel. 018 05/10 11 12 (0,14 €/Min.) anfordern. Außerdem sind der Stadtplan und der CityAtlas *Dresden*, der Stadtatlas *Dresden/Oberlausitz*, die FreizeitKarte *Dresden, Oberlausitz, Elbsandsteingebirge* (1 : 100 000) sowie diverse *Sachsen-Karten* erschienen.

Auf zwei Autobahnen ist Dresden zu erreichen: Auf der **A 4** aus westlicher (Köln, Erfurt, Chemnitz) und aus östlicher Richtung (Görlitz, Bautzen) sowie auf der **A 13** von Norden (Stettin, Rostock, Berlin). Es gibt die Anschlussstellen Altstadt, Neustadt, Wilder Mann und Nord. Die **A 17** Dresden–Prag ist seit Ende 2006 bis zum Grenzübergang fertig gestellt.

Parkplätze

Die Parkplätze in der Dresdner Innenstadt sind fast alle gebührenpflichtig. Tiefgaragen gibt es u. a. in der Straße An der Frauenkirche (Zufahrt Tzschirnerplatz/Rampische Straße), an der Landhausstraße beim Neumarkt im World Trade Center (Zufahrt Freiberger Straße) und im CC City-Center (Zufahrt Winckelmannstraße).

Bahn

Züge aus allen Himmelsrichtungen fahren Dresden Hauptbahnhof an, die meisten halten auch auf dem Bahnhof Dresden Neustadt. Beide Fernbahnhöfe liegen günstig, die Alt- bzw. Neustadt sind bequem zu Fuß erreichbar.

Aus der Schweiz und dem süddeutschen Raum ist die Anreise mit der **CityNight-Line** (Tel. 018 05/14 15 14 / 0,14 €/Min., www.citynightline.ch) bequem. Der moderne Nachtreisezug fährt von Zürich über Basel, Freiburg, Karlsruhe, Mannheim und Frankfurt/Main direkt nach Dresden.

Fahrplanauskunft

Deutschland
Deutsche Bahn, Tel. 118 61 (gebührenpflichtig), Tel. 08 00/150 70 90 (sprachgesteuert), www.bahn.de

Österreich
Österreichische Bundesbahn, Tel. 05 17 17, www.oebb.at

Schweiz
Schweizerische Bundesbahnen, Tel. 09 00 30 03 00, www.sbb.ch

Flugzeug

Von und nach über 20 deutschen und europäischen Städten besteht Flugverbindung, im Linienflugverkehr ist Dresden von allen wichtigen europäischen Metropolen und innerdeutschen Flughäfen aus erreichbar.

Der **Dresdner Flughafen Klotzsche** liegt etwa 9 km nördlich vom Stadtzentrum entfernt. Das moderne Terminal ist über eine gläserne Fußgängerbrücke mit dem Parkhaus verbunden. Eine vierspurige Straße führt vom Flughafen zur Autobahn. Vom unterirdischer **S-Bahnhof** sind die Bahnhöfe Dresden Hauptbahnhof und Dresden Neustadt in etwa 20 Min. zu erreichen.

Flugauskunft: Tel. 03 51/881 33 60, www.Flughafen-Dresden.de

Bank, Post, Telefon

Bank

Öffnungszeiten: in der Regel Mo–Fr 9–13 und 14.30–16 Uhr, Do bis 18 Uhr

Post

Öffnungszeiten: in der Regel Mo–Fr 8–18 Uhr, Sa 8–12 Uhr. Im Stadtzentrum stehen folgende Postfilialen zur Verfügung:

Annenstr. 10, Mo–Fr 9–12.30 und 13.30–18 Uhr, Sa 9.30–12 Uhr, **Königsbrücker Str. 21–29**, Mo–Fr 8–19, Sa 9–13 Uhr, **Altmarkt-Galerie**, Mo–Fr 9.30–20 Uhr, Sa 9–16 Uhr

Telefon

Vorwahl Dresden: 03 51

Einkaufen

Typisches der Region sind **Wein** von den Elbhängen, **Dresdner Stollen**, **Drechselarbeiten** aus dem nahen Erzgebirge und **Porzellan** aus Meißen und Dresden. Beliebt als Souvenirs sind Bildbände, die Kunstwerke der Staatlichen Kunstsammlungen zeigen sowie Reproduktionen von den weltberühmten Werken in der *Gemäldegalerie Alte Meister*.

Zum Einkaufen empfehlen sich in der Altstadt die **Wilsdruffer Straße**, der nördliche Teil der **Prager Straße** sowie der **Altmarkt** mit der supermodernen *Altmarkt-Galerie*, durch die im Durchschnitt täglich 30 000 Kunden flanieren. In der Neustadt sind es die Hauptstraße und die **Königstraße**, in der exklusive Geschäfte ansässig sind.

In der **Hauptstraße** haben die Häuser Nr. 9–19 ihre barocke Fassade aufgefrischt, der 30 Jahre lang zugemauerte Innenhof wurde freigelegt und es entstand die **Kunsthandwerker-Passage**, in der 17 Handwerker verschiedener Gattungen ihre Produktions- und Verkaufsräume haben. TOP TIPP In der **Kunsthofpassage** zwischen der Görlitzer- und der Alaunstraße laden in fantasievoll gestalteten Höfen allerlei Geschäfte von Mode bis Feinkost zum Shoppen ein.

Wiederhergestellt wurde die 1945 zerstörte **Neustädter Markthalle** aus der Gründerzeit (Metzerstr./Hauptstr.). Auf drei Etagen bieten in dieser Einkaufspassage Händler vorwiegend sächsische Produkte an.

Die Altmarkt-Galerie – quirliges Shopping Center mit attraktivem Ambiente

Szeneläden für Schrilles und Schräges, für Mode, Schmuck und Musik findet man in der **Äußeren Neustadt**, im Bereich Louisen-, Alaun-, Böhmische- und Rothenburger Straße.

Antiquariat

Dresdner Antiquariat, Wilsdruffer Str. 14, Tel. 03 51/490 45 83. Eines der größten in Deutschland – mehr als 60 000 Bücher stehen auf zwei Etagen zum Stöbern bereit.

Bücher

Haus des Buches, Dr.-Külz-Ring 12, Tel. 03 51/49 73 60, www.haus-des-buches.de. Ostdeutschlands größte Buchhandlung bietet auf 3200 m Regal- und Verkaufsfläche über 100 000 Buchtitel. Besonders umfangreich ist das Angebot an Büchern über Dresden und Sachsen. Im Literaturcafé **Novelle** im 3. Stock werden regelmäßig Lesungen veranstaltet.

Feinkost

Karstadt, Prager Straße, Tel. 03 51/86 10, www.karstadt.de. Gourmet-Abteilung mit rund 22 000 verschiedenen Produkten, darunter 45 Sorten Frischfisch, 350 Sorten Wurst, Schinken und Pasteten und 900 Sorten Wein werden angeboten. Im Gourmet-Treff mit 50 Sitzplätzen können Gäste zuschauen, wie Fisch, Fleisch und Geflügel für sie je nach Wunsch zubereitet werden.

Käse

Pfunds Molkerei, Bautzner Str. 79, Tel. 03 51/80 80 80, www.pfunds.de. Die ganze Woche, auch am Wochenende, wird im ›schönsten Milchladen der Welt‹ Käse verkauft. Gewählt werden kann unter etwa 120 Sorten. Die Kundschaft kommt aus aller Herren Länder.

Konditorei

Kreutzkamm, Seestr. 6, Tel. 03 51/495 41 72. Wer zur Weihnachtszeit nach Dresden kommt, erwirbt einen Stollen in der berühmten Konditorei. In der übrigen Jahreszeit sind Baumkuchen ein beliebtes Mitbringsel.

Kunsthandwerk

TOP TIPP **Kunsthandwerk an der Kreuzkirche**, An der Kreuzkirche 6, Tel. 03 51/496 48 40. Eine Erlebniswelt mit Produkten aus sächsischen Kunsthandwerksbetrieben.

Porzellan

TOP TIPP **Meissener Porzellan**, im Dresden Hilton, An der Frauenkirche 5, Tel. 03 51/490 38 04. Schöne Stücke aus der weltberühmten Manufaktur.

Essen und Trinken

Gegessen und getrunken wird in Dresden gern, beliebt ist zum Beispiel der Dresdner **Sauerbraten**, ein mehrere Tage in einer Marinade eingelegtes Rindfleischstück. Dazu gibt es viel **Soße**, die die Dresdner seit jeher mögen. 74 Soßen nennt das Buch ›Die Dresdener Köchin oder die feine und allgemeine bürgerliche Koch-, Brat- und Backkunst der neusten Zeit‹ von J. F. Baumann aus dem Jahre 1854. Gemüse gehört unbedingt zu warmen Hauptgerichten. Ein weiteres typisches sächsisches Gericht sind **Saure Eier mit Specksoße**. Variantenreich, nämlich mit vielen Zutaten, die von Fisch über Äpfel bis zu Gemüsen reichen, wird der **Kartoffelsalat** zubereitet. Zwischen den Hauptmahlzeiten wird zur **Bemme** oder zum *Bemmchen* gegriffen. Das sind zwei dünne, mit Butter oder Margarine bestrichene Brotscheiben, die mit Wurst oder Käse belegt und zusammengeklappt werden. Gern gegessen werden auch **Quarkkeulchen**: Ein Teig aus gekochten Kartoffeln, Mehl, Eier, Rosinen und Quark wird zu Fladen geformt und in Fett ausgebacken. Die Keulchen werden mit Zimt und Zucker bestreut und heiß gereicht. Die Sachsen sind als **Kaffeetrinker** bekannt und natürlich wird Kaffee auch in Dresden oft und gern getrunken. Zum Kaffee schmeckt fabelhaft die Dresdener **Eierschecke**, ein Kuchen aus Knetteig mit Quarkmasse, die mit einer dickschaumigen u. a. aus saurer Sahne, Eiern und Vanillezucker bestehenden Mischung bestrichen wird. Zur Weihnachtszeit und oft bis Ostern werden alle Kuchensorten verbannt, dann gibt es nur **Dresdner Christstollen**, der weit über die Landesgrenzen hinaus bekannt wurde. Die Form des Stollens soll an das in Windeln gewickelte Christkind erinnern. Bei den Getränken rangiert **Bier** auf Platz eins, gern getrunken wird das herbwürzige **Radeberger**. Die Radeberger Brauerei, unweit von Dresden gelegen, war schon königlich-sächsischer Hoflieferant. Im Elbtal um Dresden liegt das kleinste und nördlichste **Weinanbaugebiet** Deutschlands. Müller-Thurgau, Traminer, Weißburgunder usw. gelten als trockene durchgegorene Weine ohne Restzucker. Und wer den Abschied von Dresden zünftig feiern möchte, der sollte zum lokalen **Sekt** aus Radebeul greifen, dem ›Schloss Wackerbarth‹.

Wer nach einem guten Essen den Abend ungezwungen und locker ausklingen lassen möchte, geht in der **Altstadt** in die *Münzgasse*, wo sich zwischen Brühlscher Terrasse und Frauenkirche eine Kneipenmeile herausgebildet hat oder in die *Weiße Gasse* zwischen Wilsdruffer Straße und Kreuzkirche, wo es besonders an lauen Sommerabenden lebhaft zugeht. In der **Neustadt** hat sich zwischen *Alaunpark* und *Albertplatz* ein jugendlich-schrilles Szeneviertel entwickelt. Hier in der Äußeren Neustadt gibt es Kneipen, Cafés, Bars und Biergärten in großer Dichte, darunter einige, die rund um die Uhr geöffnet haben.

Sächsische Küche

Freiberger Schankhaus, Neumarkt 8, Tel. 03 51/500 43 47, www.freiberger-schankhaus.de. Einheimische Spezialitäten- Küche genießt man hier im historischen Ambiente.

TOP TIPP **Sophienkeller**, im Kempinski Hotel Taschenbergpalais, Am Taschenberg, Tel. 03 51/49 72 60, www.sophienkeller-dresden.de. Erlebnisgastronomie in einem Kellergewölbe. August der Starke, seine Cosel, Gaukler, Wahrsager und Bardensänger plaudern mit den Gästen.

Internationale Küche

TOP TIPP **Alte Meister**, Theaterplatz 1 a, Tel. 03 51/481 04 26, www.altemeister.net. Am Tag Museumscafé der Gemäldegalerie Alte Meister, am Abend Gourmet-Restaurant mit junger, frischer mediterran angehauchter Küche.

TOP TIPP **Das Caroussel**, im Hotel Bülow Residenz, Rähnitzgasse 19, Tel. 03 51/ 800 30, www.buelow-residenz.de. Vorzügliche, viel gelobte Küche und elegantes Interieur.

TOP TIPP **Gourmetrestaurant Pattis**, im Hotel Pattis, Merbitzer Str. 53, Tel. 03 51/ 425 50, www.pattis.de. Rezepte der französischen Küche, die August der Starke mochte, wurden wieder belebt.

Intermezzo, im Kempinski Hotel Taschenbergpalais, Am Taschenberg, Tel. 03 51/ 491 27 12, www.kempinski-dresden.de. Leichte internationale Küche. Das Restaurant liegt am Innenhof, der im Sommer zur windgeschützten Terrasse wird.

TOP TIPP **Italienisches Dörfchen**, Theaterplatz 3, Tel. 03 51/49 81 60, www.italienisches-doerfchen.de. Zu den gastronomische Einrichtungen des Hauses zählen der Biersaal im Erdgeschoss und das Ristorante Bellotto im 1. Stock.

Kuppelrestaurant in der Yenidze, Weißeritzstr. 3, Tel. 03 51/490 59 90, www.kuppelrestaurant.de. Bei einem unvergleichlichen Rundblick kann man hier neben sächsischen auch internationale Spezialitäten genießen.

Luisenhof, Bergbahnstr. 8, Tel. 03 51/ 214 99 60, www.luisenhof.org. Vielseitige Küche und eine traumhafte Aussicht.

Pulverturm, An der Frauenkirche 12 a, Tel. 03 51/26 26 00, www.pulverturm-dresden.de. Historisches Flair vermittelt das Lokal im Kellergewölbe des Coselpalais. Bedient werden die Gäste von Mägden und Grenadieren.

Spezialitätenrestaurants

Fischhaus Alberthafen, Magdeburger Str. 58, Tel. 03 51/498 21 10, www.fischhaus-alberthafen.de. Fisch gegrillt, gekocht oder gebraten.

Ristorante Rossini, im Hotel Dresden Hilton, An der Frauenkirche 5, Tel. 03 51/864 28 55, www.dresden.hilton.com. Viel gelobte klassisch-italienische Küche in der 1. Etage des Nobelhotels.

Villa Marie, Fährgässchen 1, Tel. 03 51/ 31 54 40, www.villa-marie.com. Schmackhafte italienisch orientierte Küche in einer Gründerzeitvilla beim ›Blauen Wunder‹.

Szene-Kneipen

Bierhaus Dampfschiff, Terrassen-/ Münzgasse, Tel. 03 51/864 28 26, www.dresden.hilton.com. Uriggemütlich, deftige sächsische Küche bei Dixiemusik.

Planwirtschaft, Louisenstr. 20, Tel. 03 51/ 801 31 87, www.planwirtschaft.de. Bodenständige Küche und das Flair einer szenigen Kneipe.

Alte Meister – eine Oase für Feinschmecker und für Besucher der Gemäldegalerie

Scheunecafé, Alaunstr. 36–40, Tel. 03 51/ 802 66 19. Das Lokal in der Neustadt genießt seit Jahren Kultstatus.

The Red Rooster, Rähnitzgasse 10, Tel. 03 51/272 18 50, www.redrooster-pub.de. Pub & Café, am späten Abend stets gut besucht. Über 100 Whiskysorten stehen zur Wahl.

Cafés

Café Toscana, Schillerplatz 7, Tel. 03 51/310 07 44. Heutzutage ist das Café wegen seiner leckeren Torten auch bei jungen Leuten sehr beliebt.

Coselpalais, An der Frauenkirche 12, Tel. 03 51/496 24 44, www.restaurant-dresden.de. Sächsische Kaffeespezialitäten und Konditoreikreationen, serviert auf Meissner Prozellan im exklusiven Ambiente des Spätbarockpalais.

Kreutzkamm, Seestr. 6, Tel. 03 51/495 41 72. Traditionsreiches, 1825 gegründetes Café, das nach dem Krieg nach München verlegt wurde und nach der Einheit in die Nähe des alten Stammhauses zurückkehrte.

Vis-á-vis, Brühlsche Terrasse, Tel. 03 51/864 28 35. In der historischen Sekundogenitur. Im Sommer – wenn Tische und Stühle auf die Brühlsche Terrasse gestellt werden – gibt es zum Kuchen aus der eigenen Patisserie kostenlos einen herrlichen Blick über die Elbe auf die Neustadt.

Das Café Toscana am Schillerplatz bietet eine Fülle süßer Versuchungen

Feste und Feiern

Feiertage

1. Januar (Neujahr), Karfreitag, Ostermontag, 1. Mai (Tag der Arbeit), Himmelfahrt, Pfingstmontag, 3. Oktober (Tag der Deutschen Einheit), 31. Oktober (Reformationstag), Buß- und Bettag, 25./26. Dezember (1. und 2. Weihnachtsfeiertag).

Feste

März

Internationaler Citylauf: Größter Citylauf in den neuen Bundesländern über 10 km durch die historische Innenstadt.

Mai

Dampflokfest: Auf dem Gelände des ehem. Bahnbetriebswerkes an der Zwickauer Straße sind historische Fahrzeuge zu sehen.

Flottenparade: Historische Raddampfer eröffnen am 1. Mai die Sommersaison.

Juni

Elbhangfest: (Letztes Juni-Wochenende) Großes Fest unter freiem Himmel mit Musik, Tanz, Theater, Kunsthandwerk und vielem mehr auf einer Festmeile von sieben Kilometern zwischen Pillnitz und Loschwitz (www.elbhangfest.de).

August

Dresdner Stadtfest: Vielseitiges Programm an drei Tagen Mitte August mit Handwerksmarkt, Musik, Sport und Kulinarischem. Zu den Höhepunkten gehört im August das Dampfschiff-Fest mit der Sternfahrt aller Schiffe.

Oktober

Dresden-Marathon: Eine der größten Laufsport-Veranstaltungen des Freistaates (www.dresden-marathon.de).

Dezember

TOP TIPP **Striezelmarkt:** Seit 1434 ist der Name Striezelmarkt geläufig. Striezel waren die Vorform des heutigen Christstollens. Den Mittelpunkt des Marktes bildet die über 14 m hohe Holzpyramide. Deutschlands ältester Weihnachtsmarkt findet vom 1. Adventswochenende bis zum Heiligabend statt.

Kultur live

Dresden ist eine bedeutende Kunst- und Kulturstadt und bietet auch am Abend

Der Dresdner Striezelmarkt gilt als der älteste Weihnachtsmarkt Deutschlands

ein vielseitiges Kulturprogramm. Zu den reichen Traditionen gehört das Theater- und Musikschaffen, die Staatskapelle beispielsweise wurde bereits 1548 gegründet. Sie besitzt mit der Sächsischen Staatsoper (Semperoper), der Dresdner Philharmonie und dem Kreuzchor internationalen Ruf. Karten sollten vorbestellt werden (s. u.)! Darüber hinaus gibt es Auftritte des Kreuzchores, die Musikfestspiele sowie seit 1970 das Internationale Dixielandfestival, das sich großer Beliebtheit erfreut. Topaktuelle Veranstaltungsprogramme: www.dresden.de

Jazz

Jazzclub Neue Tonne, im Keller des Kulturrathauses Dresden, Königstr. 15, Tel. 03 51/802 60 17, www.jazzclubtonne.de. Eine Institution in Dresden, Jazzer aus aller Welt spielen auf.

Kabarett

Die Herkuleskeule, Sternplatz 1, Tel. 03 51/492 55 55, www.herkuleskeule.de. Politisch-satirisches Kabarett, das schon zu DDR-Zeiten in gutem Ruf stand.

Dresdner Kabarett Breschke & Schuch, Wettiner Platz 10 (Eingang Jahnstraße), Tel. 03 51/490 40 09, www.kabarett-breschke-schuch.de. Szenisches Kabarett von zwei Erzkomödianten im ehem. Maschinensaal der Sächsischen Landesdruckerei.

Kino

Ein Gesamtverzeichnis der Dresdner Kinos bietet die Kulturseite von www.dresden.de. Hervorzuheben sind:

Filmtheater Metropolis Dresden, Am Brauhaus 8, Tel. 03 51/816 67 21, www.metropolis-dresden.de. Multiplexkino im Waldschlösschenareal.

Ufa-Kristallpalast, Prager Straße, Tel. 03 51/482 58 25, www.ufa-dresden.de. In einem der beachtlichsten Kinobauten Deutschlands werden Filme in acht Sälen gezeigt.

Oper, Operette und Konzert

Dresdner Philharmonie, im Kulturpalast, Schlossstr. 2, Tel. 03 51/486 68 66, www.dresdnerphilharmonie.de. Das 1870 gegründete Orchester gehört zu den namhaftesten Europas.

Sächsische Staatsoper und Sächsische Staatskapelle, Semperoper, Theaterplatz 2, Vorverkaufskasse: Schinkelwache, Tel. 03 51/491 17 05, www.semperoper.de. Ein Muss für jeden Oper- und Konzertfan – auch wegen der Ausstattung des Hauses.

Kleine Szene, Bautzner Str. 107, Vorverkaufskasse: Schinkelwache, Tel. 03 51/491 17 05, www.semperoper.de. Spielstätte der Sächsischen Staatsoper für kleine Stücke.

Staatsoperette, Pirnaer Landstr. 131, Tel. 03 51/207 99 29, www.staatsoperette-dresden.de. Operette und Musical auf hohem Niveau, die ›Fledermaus‹ steht immer auf dem Programm.

Theater

Komödie, im World Trade Center, Freiberger Str. 39, Tel. 03 51/86 64 10, www.komoedie-dresden.de. Wenn der Tag humorvoll ausklingen soll.

Puppentheater, im Rundkino, Prager Str., Tel. 03 51/42 91 20, www.t-j-g.de. Nicht nur für Kinder ein Erlebnis, oft werden auch Stücke für Erwachsene gespielt.

Zauberhaft – das dreitägige Dresdner Stadtfest bietet stets im August ein abwechslungsreiches Unterhaltungsprogramm, zu dessen Höhepunkten auch ein Feuerwerk zählt

TOP TIPP **Staatsschauspiel Dresden**, Theaterstr. 2, Tel. 03 51/491 35 65, www.staatsschauspiel-dresden.de. Traditionsreiches Haus, dessen Spielplan von Agatha Christie über Bertolt Brecht bis zu Shakespeare und Sophokles reicht.

Societaetstheater, An der Dreikönigskirche 1 a, Tel. 03 51/803 68 10, www.societaetstheater.de. Seit 1999 spielt das Theater wieder, in dem sich vor über 200 Jahre zum ersten Mal der Vorhang hob.

Theater der Jungen Generation, Meißner Landstr. 4, Tel. 03 51/429 12 20, www.t-j-g.de. Dramatik aus Vergangenheit und Gegenwart, zugeschnitten auf junges Publikum.

TOP TIPP **Theaterkahn Dresdner Brettl**, Terrassenufer an der Augustusbrücke, Tel. 03 51/496 94 50, www.theaterkahn-dresden.de. Kabarett, Musik, Literatur.
Wechselbad der Gefühle, Maternistr. 17, Tel. 0351/7961155, www.theater-wechselbad.de. Der Theatername verrät: Das kleine Ensemble bietet ein vielseitiges Programm.

Veranstaltungskalender

Februar/März

Dresdner Festtage Musiktheater des 20. Jahrhunderts: Renommierte Dirigenten aus aller Welt, herausragende Protagonisten und interessante Inszenierungen in der Semperoper.

Mai

TOP TIPP **Internationales Dixielandfestival:** Die größte Veranstaltung dieser Art in Europa. Dresden gilt als die europäische Hauptstadt des Dixieland. Bands aus zahlreichen Ländern veranstalten stets ein regelrechtes Volksfest (www.dixieland.de).

Dresdner Bluesfestival: Stimmungsvolle Darbietungen mit Musikern aus zahlreichen Ländern (www.bluesfestival-dresden.de).

Mai/Juni

TOP TIPP **Dresdner Musikfestspiele:** Nationale und internationale Orchester sowie Solisten gastieren vor historischen Gebäuden, in Konzertsälen und Parkanlagen. Die Festwoche ist meist einem Komponisten oder Thema gewidmet (www.musikfestspiele.com).

Ende Juni–Anfang September

MDR-Musiksommer: Dresden gehört zu den attraktiven Spielorten des sommerlichen Konzertfestivals.

Juli

Museums-Sommernacht: Bis weit nach Mitternacht bieten an einem Samstag die meisten Museen Veranstaltungen und Performances. In der Innenstadt herrscht Volksfeststimmung.

Juni/August

TOP TIPP **Filmnächte am Elbufer:** Historische Filme, Filmklassiker und Konzerte internationaler Stars am Königsufer unterhalb des Finanzministeriums (www.filmnaechte-am-elbufer.de).

Oktober

Tage der Zeitgenössischen Musik: Orchester und Solisten aus vielen Ländern musizieren in den besten Spielstätten der Stadt (www.zeitmusik.de).

Nachtleben

Auf der nördlichen Seite der Elbe, in der *Äußeren Neustadt*, zwischen Alaunpark und Albertplatz, befindet sich heute eines der lebendigsten Szeneviertel im Osten Deutschlands.

Bars

Taschenberg, im Kempinski Hotel Taschenbergpalais Dresden, Am Taschenberg, Tel. 03 51/486 73 70, www.taschenberg.com. Dem noblen Haus entsprechend: fein und stilvoll.

Franks Bar, Alaunstr. 80, Tel. 03 51/65 88 83 80, www.franksbar.de. Eine schier endlose Karte mit rund 200 Cocktails und Drinks.

Sky, im Kugelhaus, Wiener Platz, Tel. 03 51/484 31 84. Keine Bar Dresdens bietet einen schöneren Blick auf die Stadt.

Diskotheken

Bärenzwinger, Brühlscher Garten, Tel. 03 51/79 27 85 27, www.baerenzwinger.de. Dresdens bekanntester Studentenklub in einem alten Gewölbe. Regelmäßig Disco und Livemusik.

Downtown, Katharinenstr. 11–13, Tel. 03 51/811 55 92, www.downtown-dresden.de. Einer der beliebtesten und ältesten Tanztempel Dresdens.

Motown Club, St. Petersburger Str. 9, Tel. 03 51/487 41 50, www.motown-club.de. Die Nummer 1 in Dresden in Punkto Hip Hop und Black Music.

m.5 Nightlife, Münzgasse, Tel. 03 51/496 54 91, www.m5-nightlife.de. Tanzvergnügen mit Niveau. Damen haben freien Eintritt.

Stadtbesichtigung

Das Angebot reicht von Bustouren, etwa mit den weiß-gelben Bussen der Dresdner Verkehrsbetriebe, bis zu thematischen Führungen zu Fuß. Erlebnisreich ist eine Stadtrundfahrt mit dem Velotaxi, aber auch Sightseeing vom Wasser aus wird geboten, schließlich zieht sich die Elbe durch die Stadt. Hier einige Angebote:

Mit dem Auto: Einer der legendären DDR-Kleinwagen Trabant darf nach einer kurzen Einweisung selbst gesteuert werden. Die Touren beginnen an der Altstädter Wache (Schinkelwache) an der Semperoper. Begleitet wird man von einem Stadtführer. Tel. 03 51/899 00 66, www.trabi-safari.de

Mit Bus und Schwebebahn: Die Panorama-City-Tour führt durch die Innenstadt, zu ihr gehört die Fahrt mit der Schwebebahn Loschwitz-Oberloschwitz. Die Panorama-Pillnitz-Tour, die nur im Sommerhalbjahr stattfindet, bietet zusätzlich eine 45-minütige Führung durch den Schlosspark von Pillnitz. Abfahrt der Busse vom vom Kulturpalast/Altmarkt. Tel. 03 51/857 22 01, www.dvbag.de/stadtrundfahrten.

Mit dem Hummelbus: Rundfahrt ab Altmarkt/Wilsdruffer Str. Tel. 03 51/494 04 04, www.hummelbahn.de.

Mit dem Velotaxi: Von April bis Oktober fahren tgl. 12–20 Uhr moderne Rickschas auf zwei festen Linien durch die Innenstadt, Tel. 01 72/328 88 88, www.dresden.velotaxi.de.

Die Dresdner Musikfestspiele finden vor herrlichen Kulissen wie dem Wallpavillon statt

Am Schlossplatz beginnen 45 Min. dauernde **Stadtrundfahrten** mit Rikschas, Tel. 0160/92708603, www.rikschataxi-dresden.de.

Mit dem Fahrrad: Augustus Tours, Tel. 03 51/56 34 81, www.augustustours.de, bietet Fahrradtouren entlang des Elbradweges. Auch Corso – die Reiseagentur in Meißen, Tel. 035 21/71 05 01, www.corso-reisen.de, organisiert Elbradweg-Touren.

Thematische Führungen: Zu Fuß, per Rad und Bahn geht es zu wenig bekannten Orten und Verborgenem. An den ganzjährig stattfindenden Rundgängen können Einzelpersonen und kleine Gruppen ohne Anmeldung teilnehmen. Einige der etwa 60 verschiedenen Touren lauten: Geheimnisse im Großen Garten (1,5 Std.), Jüdisches Leben in Dresden (3 Std.), Jugendstil in Dresden (3 Std.), Stadtteil Weißer Hirsch (2 Std.), Hellerau – die erste deutsche Gartenstadt (2 Std.). Angeboten werden auch Programme für Firmengäste, Vereine, Schulklassen und Jugendgruppen sowie Begleit- und Rahmenprogramme für Kongressteilnehmer. Infos:

igeltour – Die StattReiser in Dresden, Pulsnitzer Straße 10, Tel. 03 51/804 45 57, www.igeltour-dresden.de

Elbschifffahrt

Acht historische Raddampfer (1993/94 stilgetreu restauriert), die beiden modernen Motorschiffe ›August der Starke‹ und ›Gräfin Cosel‹ (1994 gebaut) sowie zwei kleinere Motorschiffe fahren von März bis Nov. im Linienverkehr elbauf- und elbabwärts. Beispiele aus dem vielseitigen Sommer-Fahrtenangebot:

Große Elbtal Linie: 9 Uhr ab Dresden, 12.50 an Stadt Wehlen, 14.30 an Königstein (Weiterfahrt nach Bad Schandau möglich), 15.00 Uhr ab Königstein, 15.45 Uhr ab Stadt Wehlen, 18.30 Uhr an Dresden.

Wer in Richtung Sächsische Schweiz nur eine Strecke mit dem Schiff fahren möchte: Vom Neustädter Bahnhof und vom Hauptbahnhof verkehrt die S-Bahn im 30-Minuten-Takt in die Sächsische Schweiz. Von den Bahnhöfen Pirna, Stadt Wehlen, Kurort Rathen, Königstein und Bad Schandau ist der Weg zur Anlegestelle ausgeschildert.

Schlösserfahrt: 10 Uhr ab Dresden, 11.30 Uhr an Pillnitz und wieder zurück nach Dresden.

Stadtrundfahrt zu Wasser: Zur 1,5 Std. dauernden Tour startet der über 120-jährige Raddampfer ›Stadt Wehlen‹. Ein Stadtführer erläutert auf der Fahrt vom Terrassenufer nach Loschwitz und zurück die Sehenswürdigkeiten am Elbufer. In der Hauptsaison April–Okt. gibt es die Führungen zweimal pro Tag auch in Englisch.

Sächsische Dampfschiffahrts GmbH & Co, Conti Elbschiffahrts KG, Hertha-Lindner-Str. 10, Tel. 03 51/86 60 90, Fax 03 51/86 60 90, www.saechsische-dampfschiffahrt.de

Aussichtspunkte

Ernemannturm: Junghansstr. 1–3, Di–Fr 9–17, Sa/So 10–18 Uhr. Blick über Striesen bis zur Johannstadt und nach Blasewitz [Nr. 66].

Hausmannsturm des Residenzschlosses: Eingang Schlossplatz, April–Okt. Di–So 10–18 Uhr. Ein herrlicher Blick auf die Altstadt und über die Elbe zur Neustadt [Nr. 13].

Turm des Neuen Rathauses: Kreuzstr., Mai–Okt tgl. 10–18 Uhr. Ein Lift bringt die Besucher zur Aussichtsplattform [Nr. 35].

Turm der Kreuzkirche: Kreuzstr. 7/Altmarkt, Ostern–Okt. Mo–Sa 10–17.30, So 12–17.30 Uhr, Nov.–Ostern Mo–Sa 10–16, So 12–16 Uhr. Der weite Blick entschädigt für den mühevollen Aufstieg [Nr. 34].

Turm der Dreikönigskirche: König-/Hauptstr., Mo–Sa 10–18 Uhr. Blick vor allem über die Neustadt [Nr. 43].

Turm der Frauenkirche: Neumarkt, tgl. 10–13, 14–18 Uhr. Wartezeiten sollten eingeplant werden [Nr. 27].

Nur Fliegen ist schöner – erlebnisreiche Dresden-Panorama-Tour mit der Schwebebahn

Statistik

Bedeutung: Dresden ist Landeshauptstadt des Freistaates Sachsen, Sitz des Ministerpräsidenten, der Landesregierung und des Landtages. Die nach Leipzig zweitgrößte Stadt Sachsens ist ein bedeutendes Zentrum der Wissenschaft, Kunst, Industrie, des Verkehrs und der Touristik.

Lage: 51 Grad 02 Min. 55 Sek. nördlicher Breite und 13 Grad 44 Min. 29 Sek. östlicher Länge.

Einwohnerzahl: Rund 500 000, damit nimmt Dresden den 15. Rang in der Städteskala von Deutschland ein. Durch den hohen Anteil an Grünflächen und Parks hat Dresden nur eine Bevölkerungsdichte von 1434 Einwohnern pro km^2. 1939 zählte die Stadt etwa 630 000 Einwohner, am Ende des Zweiten Weltkrieges waren es nur noch 369 000.

Fläche: 328,31 km^2, davon 69,82 km^2 Wald. Im Flächenvergleich bundesdeutscher Großstädte steht Dresden an 4. Stelle.

Religion: Etwa 18% der Einwohner gehören der evangelisch-lutherischen Kirche an, der römisch-katholischen Kirche rund 5%.

Verkehrsnetz: Der Flughafen Dresden besitzt zwei Passagierterminals und ein Frachtterminal. Mit der Eisenbahn bestehen täglich Verbindungen zu allen größeren deutschen und europäischen Städten. Die Elbe als günstiger Transportweg zwischen Böhmen und der Nordsee durchfließt das Stadtgebiet auf einer Länge von 30 km, die mittlere Breite des Flusses beträgt 113 m, die Fahrrinne weist bei Mittelwasser eine Tiefe von 1,90 m auf. Im innerstädtischen Verkehr bestehen 13 Straßen- und 28 Buslinien, zwei Bergbahnen sowie vier Elbfähren. Die Straßenbahnlinie 4 von Laubegast nach Weinböhla ist mit 28,7 km die längste Strecke, bei den Buslinien ist es die 89 mit 24,6 km, die vom Bahnhof Heidenau nach Löbtau führt.

Wirtschaft: Dresden, nach Leipzig die zweitgrößte Industriestadt Sachsens, entwickelt sich zu einem modernen Hightech- Standort in Europa. Das breite wirtschaftliche Leistungsspektrum wird bestimmt von Mikroelektronik und Informationstechnik, Feinmechanik und Gerätebau, Medizintechnik und Pharmaindustrie. Neben der Technischen Universität, der größten Uni in Sachsen, gibt es noch die Hochschule für Technik und Wirtschaft, die Hochschule für Bildende Künste, die Hochschule für Musik Carl Maria von Weber sowie die Hochschule für Kirchenmusik.

Stadtverwaltung: An der Spitze der Stadtverwaltung steht der jeweils für sieben Jahre gewählte Oberbürgermeister, seinen Sitz hat er im Rathaus. Für Verwaltungszwecke ist Dresden in zehn Ortsämter aufgeteilt (Altstadt, Neustadt, Pieschen, Klotzsche, Loschwitz, Blasewitz, Leuben, Prohlis, Plauen, Cotta).

Stadtwappen: Auf goldenem Grund links ein aufgerichteter schwarzer Löwe mit roter Zunge und Bewehrung, rechts zwei schwarze Pfähle. Es vereint die beiden ältesten Herrschaftswappen des Hauses Wettin, den Meißner Löwen und die Landsberger Pfähle. Das Wappen entstammt dem ältesten Stadtsiegel und ist um 1500 entstanden. Die Farben von Dresden sind Schwarz (oben) und Gold (unten).

Partnerstädte: Zwölf Partnerstädte, darunter seit 1959 Coventry (Großbritannien), seit 1961 St. Petersburg (Russland), seit 1987 Hamburg und seit 1992 Columbus/Ohio (USA).

Unterkunft

Camping

Eine Auswahl geprüfter Campingplätze bietet der jährlich erscheinende *ADAC Camping Caravaning Führer* mit CD-ROM (Band Deutschland Nordeuropa), der im Buchhandel sowie bei den ADAC-Geschäftsstellen erhältlich ist. Der ebenfalls jährlich erscheinende *ADAC Stellplatz Führer* informiert über Übernachtungsmöglichkeiten für Wohnmobile und Caravangespanne (www.adac.de/camping).

Caravan Camping Dresden Nord, Elsterweg 13, Tel. 03 51/880 97 92, Fax 03 51/ 880 97 90, geöffnet April–Dez. Ebene Wiese mit Bäumen, von Gärten umgeben. Günstige Lage zum Stadtzentrum.

Mockritz, Boderitzer Str. 30, Tel. 03 51/ 471 52 50, Fax 03 51/479 92 27, ganzjährig geöffnet. Im Süden der Stadt, 5 km vom Zentrum entfernt gelegener Platz.

Hotels

Privatquartiere sowie Hotel- und Pensionszimmer für Dresden vermittelt **Dresden-Werbung und Tourismus GmbH**, Tel. 03 51/49 19 22 22. Wer in der Umgebung übernachten möchte, wende sich an die dortigen Tourist-Informationen.

TOP TIPP *******Bülow Residenz Dresden**, Rähnitzgasse 19, Tel. 03 51/800 30, Fax 03 51/800 31 00, www.buelow-residenz.de. Angenehm familiärer Charakter, ruhige Lage, komfortabel eingerichtete Zimmer.

TOP TIPP *******Kempinski Hotel Taschenbergpalais Dresden**, Am Taschenberg 3, Tel. 03 51/491 20, Fax 03 51/491 28 12, www.kempinski-dresden.de. 213 Zimmer und Suiten, auch behindertengerechte. Anfang 1995 im einst für die Gräfin Cosel errichteten, nun wieder aufgebauten Taschenbergpalais eröffnet. Das Hotel liegt gegenüber dem Zwinger. Mit Schwimmbad, Sauna, Dampfbad und Solarium.

*******Radisson SAS Gewandhaus**, Ringstr. 1, Tel. 03 51/494 90, Fax 03 51/494 94 90, www.radissonsas.com. 100 moderne Zimmer und Suiten im Biedermeierstil mit Marmor-Bädern in zentraler Lage.

*******The Westin Bellevue Dresden**, Große Meißner Str. 15, Tel. 03 51/80 50, Fax 03 51/805 16 09, www.westin.com/dresden. 340 Zimmer und Apartments, Schwimmbad und Sauna. Auf der Neustädter Elbseite. Über die Augustusbrücke sind es keine 10 Min. bis zum Theaterplatz.

******Am Blauen Wunder**, Loschwitzer Str. 48, Tel. 03 51/336 60, Fax 03 51/336 62 99, www.hotel-am-blauen-wunder.de. 40 Zimmer und Apartments. Familiär geführtes Haus unweit der Elbhänge und dem berühmten ›Blauen Wunder‹.

******Am Terrassenufer**, Terrassenufer 12, Tel. 03 51/440 95 00, Fax 03 51/440 96 00, www.hotel-terrassenufer.de. 196 Zimmer. An der Elbe bei der Brühlschen Terrasse.

TOP TIPP ******art'otel Dresden**, Ostra-Allee 33, Tel. 03 51/492 20, Fax 03 51/492 27 77, www.arthotel.de. 174 Zimmer und Suiten, auch behindertengerechte. Kunsthotel mit Innenausstattung des Mailänder Designers Santachiara und mit Kunstwerken von A. R. Penck.

******Dorint Novotel Dresden**, Grunaer Str. 14, Tel. 03 51/491 50, Fax 03 51/491 51 00, www.dorint.com/dresden. 244 Zimmer, auch behindertengerechte. Neu erbautes Hotel mit Komfort und Charme. Hallenbad, Sauna, Solarium.

******Mercure Hotel Newa Dresden**, Prager Str. 2c, Tel. 03 51/481 40, Fax 03 51/495 51 37, www.sache-der-weitsicht.de. 319 Zimmer und Junior Suiten. Elegantes Design-Hotel in bester City-Lage. Die Zimmer verfügen über originelle Panoramafenster und gläserne Komfortduschen mitten im Raum.

******Pattis**, Merbitzer Str. 53, Tel. 03 51/425 50, Fax 03 51/425 52 55, www.pattis.net. 43 Zimmer und Suiten. Eine alte Mühle bekam einen Anbau und wurde zu einem romantischen, ruhig gelegenen Hotel.

******Prinz Eugen**, Gustav-Hartmann--Str. 4, Tel. 03 51/25 59 00, Fax 03 51/25 15 90, www.hotel-prinz-eugen.de. 47 Zimmer. Stilvolles Haus in ruhiger Lage im Stadtteil Laubegast. Besonders angenehm sind die großen Zimmer.

******Ringhotel Residenz Alt Dresden**, Mobschatzer Str. 29, Tel. 03 51/428 10, Fax 03 51/428 19 88, www.residenz-alt-dresden.de. 215 Zimmer und Apartments, auch behindertengerechte. Behaglich eingerichtet. Fitnessbereich mit Sauna, Dampfbad, Solarium. 4 km bis zum Zentrum.

******Schloss Hotel Dresden-Pillnitz**, August-Böckstiegel-Str. 10, Tel. 03 51/261 40, Fax 03 51/261 44 00, www.schlosshotel-pillnitz.de. Italienisches Flair und familiäre Atmosphäre.

TOP TIPP ******Schlosshotel Eckberg**, Bautzner Str. 134, Tel. 03 51/809 90, Fax 03 51/809 91 99, www.schloss-eckberg.de. 83 Zimmer und Suiten. Landschaftlich schön auf dem nördlichen Hang der Elbe.

TOP TIPP ******Steigenberger Hotel de Saxe**, Neumarkt 9, Tel. 03 51/438 60, Fax 03 51/438 68 88, www.desaxe-dresden.steigenberger.de. Modern wohnen am wohl exponiertesten Standort Dresdens: vis-à-vis der berühmten Frauenkirche. Mit großem Wellnessbereich.

*****Achat Hotel Dresden**, Budapester Str. 34, Tel. 03 51/47 38 00, Fax 03 51/47 38 09 99, www.achat-hotel.de. 157 Zimmer in drei Kategorien, die City ist bequem zu Fuss erreichbar.

TOP TIPP *****Ambiente**, Meusegaster Str. 23, Tel. 03 51/20 78 80, Fax 03 51/207 88 36, www.hotel-ambiente.de. Kleines Hotel in ruhiger Lage.

***** Feinwohnen**, Helfenberger Grund 8, Tel. 03 51/26 431 10, Fax 03 51/264 35 11, www.feinwohnen-dresden.de. Zehn hochwertig eingerichtete Ferienwohnungen und Lofts von 50-200 m² für bis zu 6 Personen.

Für Liebhaber der Gegenwarts-Kunst ist der Aufenthalt im art'otel Dresden ein Erlebnis

******Lindenhof***, Podemusstr. 9, Tel. 03 51/45 44 90, Fax 03 51/454 49 30, www.lindenhof-dresden.de. Gepflegtes Haus mit Komfort in ruhiger Lage.

******Novalis***, Bärnsdorfer Str. 185, Tel. 03 51/821 30, Fax 03 51/821 31 80, www.novalis-hotel.de. 83 Zimmer bietet das Hotel garni im Stadtteil Nord, ca. 5 km vom Zentrum entfernt.

** **Hexenhaus**, Hofwiesenstr. 28 im Ortsteil Alt-Gorbitz, Tel. 03 51/41 41 90, Fax 0351/414 19 24, www.hexenhaus-dresden.de. Zeitgemäßer Komfort in zwei denkmalgeschützten Fachwerkhäusern.

** **Hotel Sax**, Kesselsdorfer Str. 37, Tel. 03 51/21 76 08 55, Fax 03 51/21 76 08 53, www.hotel-sax.de. Mit 28-30 m² sind die Zimmer besonders großzügig; Nichtraucherhotel.

CVJM Jugendschiff, Leipziger Str. 15, Zufahrt nur über Uferstr., Tel. 03 51/895 48 50, Fax 03 51/849 45 84, www.cvjm-sachsen.de/schiff. 60 Übernachtungsplätze in Zwei- und Drei-Bett-Kabinen mit Dusche/WC und Telefon auf einem ehemaligen umgebauten Ausflugsschiff der ›Weißen Flotte‹. Es hat seinen festen Liegeplatz mitten im Zentrum von Dresden am Ufer der Elbe.

Hostel Louise 20, Louisenstr. 20, Tel. 03 51/889 48 94, Fax 03 51/889 48 93, www.louise20.de. Ein- bis Fünfbettzimmer für alle, die preiswert wohnen möchten und dafür auf Komfort verzichten. Dusche/WC auf dem Flur.

Hostel Mondpalast, Louisenstr. 77, Tel. 03 51/563 40 50, Fax 03 51/563 40 55, www.mondpalast.de. 80 Betten in originell ausgestatteten Zimmern in einem früheren Fabrikgebäude. Dusche/WC auf der Etage.

Jugendherbergen

Jugendgästehaus, Maternistr. 22, Tel. 03 51/49 26 20, Fax 03 51/492 62 99, www.djh-sachsen.de. 484 Betten in Ein- und Vierbettzimmern mit Waschgelegenheit, 480 Betten in Zimmern mit Dusche/WC.

Jugendherberge Rudi Arndt, Hübnerstr. 11, Tel. 03 51/471 06 67, Fax 03 51/472 89 59, www.djh-sachsen.de. 74 Betten. In der Südstadt, 10 Min. zu Fuß südlich des Hauptbahnhofs.

Verkehrsmittel

Das Straßenbahn-, Bus- und S-Bahnnetz in Dresden ist gut ausgebaut, auch Ziele in der Umgebung sind gut erreichbar. Die Angaben bei den Sehenswürdigkeiten im Haupttext werden durch den aktuellen ***Verkehrslinienplan*** [s. S. 136/137] ergänzt.

Öffentliche Verkehrsmittel

Der Verkehrsverbund Oberelbe hat einen einheitlichen *Tarif* geschaffen, mit einem Fahrschein sind etwa 3800 Straßenbahn- und Bus-, Fähr- und Bergbahnhaltestellen sowie Bahnhöfe zu erreichen, es muss nur auf die entsprechende Tarifzone geachtet werden.

Für Touristen besonders interessant ist die **Familientageskarte**, die für 2 Erwachsene und 4 Kinder und für 24 Std. gilt. Die Fahrkarten sind an Kiosken, in Geschäften und Gaststätten zu kaufen und vor Fahrtantritt an den dafür vorgesehenen Automaten zu entwerten.

Außerdem wird die **Dresden-City-Card** [s. S. 123] empfohlen, mit der 48 Std. alle Straßenbahn- und Buslinien sowie die Elbfähren im Stadtbereich benutzt werden können.

Die **Dresden-Regio-Card** [s. S. 123] gilt für 72 Stunden, sie bietet zusätzlich freie Fahrt mit der S-Bahn und den Nahverkehrszügen der Deutschen Bahn im gesamten Verkehrsverbund Oberelbe.

Während die meisten innerstädtischen Linien rund um die Uhr bedient werden, verkehren auf manchen Strecken nachts nur *Ruftaxis*, die alle Haltestellen einer Linie abfahren, aber dasselbe wie Bus oder Bahn kosten. In der Zeit von 22 bis 4 Uhr darf aus den Bussen auch außerhalb der Haltestellen ausgestiegen werden, der Wunsch ist dem Fahrer bereits beim Zusteigen mitzuteilen. Zwischen zwei Haltestellen wird allerdings nur einmal zusätzlich gehalten. Infos:

Dresdener Verkehrsbetriebe (DVB),
Tel. 03 51/857 22 01, www.dvbag.de

Verkehrsverbund Oberelbe (VVO),
Tel. 01 80/22 66 22 66, www.vvo-online.de

Bergbahn

Vom Körnerplatz verkehrt Mo–Fr 6.30–21 Uhr, Sa/So 9–23 Uhr die Standseilbahn

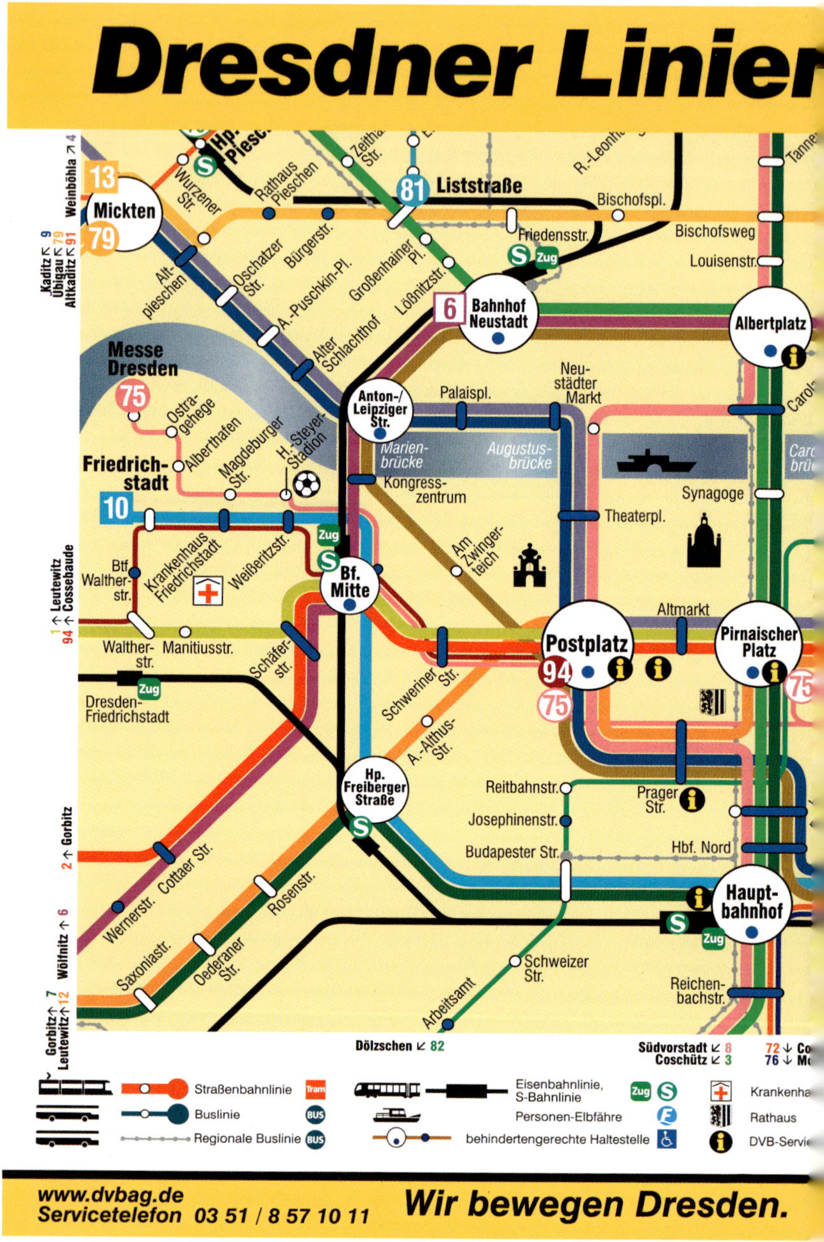

zum Weißen Hirsch und von der Pillnitzer Landstraße Mo–Fr 6.30–19 Uhr, Sa/So bis 21 Uhr die Schwebebahn nach Oberloschwitz [Nr. 78, 82].

Elbschifffahrt

Vom Terrassenufer in Dresden starten die historischen Raddampfer sowie Salonschiffe der Sächsischen Dampfschiffahrtsgesellschaft elbaufwärts in die Sächsische und in die Böhmische Schweiz sowie elbabwärts entlang der Sächsischen Weinstraße bis Seußlitz bei Meißen. Info:

Sächsische Dampfschiffahrts GmbH & Co, Conti Elbschiffahrts KG, Hertha-Lindner-Str. 10, Tel. 03 51/86 60 90, Fax 03 51/866 09 88, www.saechsische-dampfschiffahrt.de.

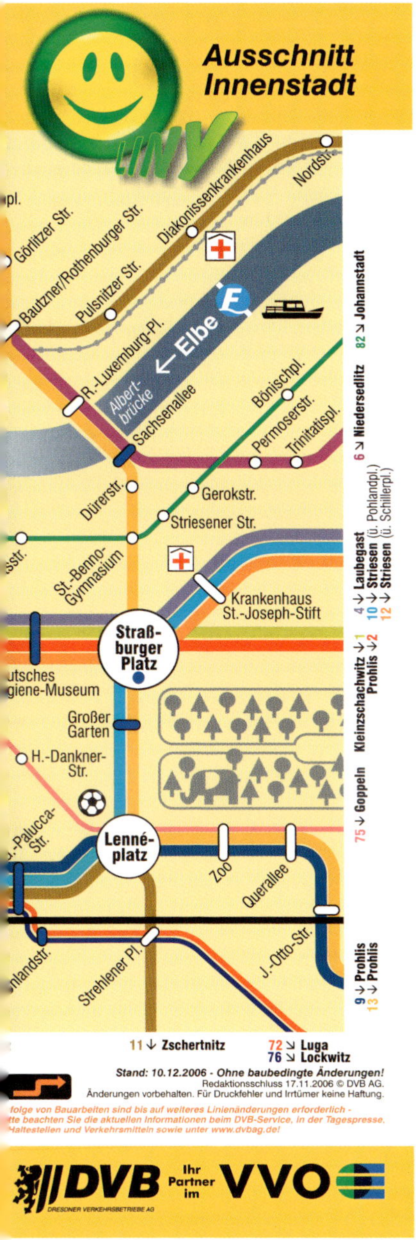

Elbfähren

Im Dresdner Stadtgebiet verkehren folgende Personenfähren:

Johannstadt–Neustadt: April–Okt. Mo–Fr 6–20 Uhr, Sa/So ab 9 Uhr

Alttolkwitz–Niederpoyritz: Mo–Fr 5.30–22 Uhr, Sa/So 9–22 Uhr

Autos und Personen befördert die Fähre Kleinzschachwitz–Pillnitz, Mo–Fr 5.30–22 Uhr, Sa 7.30–22 Uhr, So/Fei 9–22 Uhr

Mietwagen

Die **ADAC-Autovermietung GmbH** bietet Mitgliedern Mietwagen zu günstigen Konditionen. Buchungen (mind. drei Tage vor Abreise) in jeder ADAC-Geschäftsstelle oder über Tel. 018 05/31 81 81 (0,14 €/Anruf).

AVIS, Flughafen Dresden Klotzsche, Tel. 03 51/881 46 00, Fax 03 51/881 46 03

Europcar, Flughafen Dresden Klotzsche, Tel. 03 51/88 47 70, Fax 03 51/881 45 92

Hertz, Flughafen Dresden Klotzsche, Tel. 03 51/881 45 80, Fax 03 51/881 45 82

Sixt, im Hotel Dresden Hilton, An der Frauenkirche 5, Tel. 03 51/490 57 81, Fax 03 51/495 40 74

Taxi

Funktaxi, Tel. 03 51/21 12 11, www.taxi-dresden.de

Zeitungen

Informationsquellen mit Hinweisen zu kulturellen Veranstaltungen, Konzerten sind die ›Sächsische Zeitung‹ (www.sz-online.de) und die ›Dresdner Neueste Nachrichten‹ (www.dnn-online.de). Zu den beliebtesten Stadtmagazinen gehören das ›SAX‹ (www.cybersax.de) und das ›Dresdner Kulturmagazin‹ (www.dresdner.nu).

Register

Impressum

Redaktionsleitung: Dr. Dagmar Walden
Lektorat: Carin Pawlak, Dagmar Walden
Bildredaktion: Johannes Graf v. Preysing
Lektorat Aktualisierung: Thomas Paulsen
Karten: Mohrbach Kreative Kartographie, München
Herstellung: Martina Baur
Druck, Bindung: Offizin Andersen Nexö, Leipzig
Printed in Germany
Gedruckt auf chlorfrei gebleichtem Papier

Ansprechpartner für den Anzeigenverkauf:
Kommunalverlag GmbH & Co KG,
MediaCenterMünchen, Tel. 089/92 80 96-44

ISBN 978-3-89905-441-5
ISBN 978-3-89905-243-5 Reiseführer Plus

Neu bearbeitete Auflage 2008

Bildnachweis

Umschlag-Vorderseite: Die Kuppeln der Frauenkirche (rechts) und der Hochschule für Bildende Künste Dresden (links). Foto: laif, Köln (Kirchner)
Umschlag-Vorderseite ADAC Reiseführer plus: Elbflorenz-Panorama mit Frauenkirche, Brühlscher Terrasse und Kathedrale. Foto: Bildagentur Huber, Garmisch-Partenkirchen (Krammisch)

Titelseite
Oben: Die Engel aus Raffaels ›Sixtinischer Kapelle‹. Foto: laif, Köln (Kirchner)
Mitte: Dresden-Panorama. Foto: Bildagentur Huber (Lawrence)
Unten: Porzellansammlung (Wh. von S. 31)

Art'otel Dresden: 135 – Jörg Blobelt, Dresden: 94, 95 – Botanischer Garten Dresden 88 (R. Schröder) – Fridmar Damm, Köln: 117 – Deutsches Hygiene Museum Dresden: 85 (Glaescher) – dpa picture alliance, Frankfurt: 7 unten – Europäisches Zentrum der Künste Hellerau: 93 (Matthias Creutziger) – Hartmuth Friedrichsmeier, Hamburg: 6/7 (Sylvio Dittrich), 11 oben, 54/55 (Rainer Weisflog) – Huber Bildagentur, Garmisch-Partenkirchen: 42/44, 45 (W. Krammisch), 18/19, 49 (Lawrence), 7 oben, 10/11 (R.Schmid), 59, 119 (Szyszka) – IFA Bilderteam: 110 (Tschanz) – Kempinski Hotel Dresden: 35 – laif, Köln; 36, 50, 71, 92, 106/107, (Babovic), 8 oben, 8 Mitte, 11 rechts, 17 unten, 32 oben, 38, 39, 41, 44, 53, 63, 77, 79, 80, 81, 86 (2), 87, 96 unten, 96/97, 100/101, 107 unten, 121, 122 rechts oben, 125, 127, 128, 129, 130, 131, 132 (Kirchner), 17 oben, 20/21, 21 oben, 23, 26/27, 27 unten, 29, 30, 47, 109 unten, 111, 112, 122 Mitte (Gernot Huber), 57 (Zinn) – Look, München: 120 (Terra Vista) – Mauritius Bildagentur, Mittenwald: 8 unten, 9, 99 (imagebrokers.net) 58 (Blume) – Museen der Stadt Dresden: 60 (2), 72, 90 (Zadnicek) – Peter H. Neumann, Dresden/München: 122 links oben, 122 unten (2) – Neumeister Photographie, München: 12, 13, 25, 33, 48, 52, 65, 74, 102, 103115 oben – Udo Pellmann, Dresden: 68 oben, 89 – Radisson SAS, Dresden: 66 oben – Ingrid Rulff, Dresden: 24, 82, 115 unten, – Gregor M. Schmid, Gilching: 70, 75 – SLUB Dresden, Deutsche Fotothek: 83 – Staatliche Schlösser, Burgen und Gärten Sachsen 113 (Frank Höhler) – Staatsschauspiel Dresden: 34 (M. Andrä) – Ullstein Bild, Berlin: 62 (Frank Ihlow) – Westin Bellvue Dresden: 68 unten – Hermann Josef Wöstmann, Kerpen-Buir: 15, 16 links, 22, 31, 37, 45 oben, 51, 66 unten, 73, 114 – Bernd Wurlitzer, Berlin: 32 unten, 109 oben

1 Tag in Dresden

Das Wichtigste liegt dicht beieinander, ist bequem zu Fuß erreichbar: zunächst die Festarchitektur des **Zwingers** [Nr. 5] mit Schätzen der **Gemäldegalerie Alte Meister** [Nr. 6], danach ein kurzer Spaziergang auf der Balus-

trade mit Blick zum Nymphenbad. Über den weltberühmten **Theaterplatz** [Nr. 1] geht es zur **Kathedrale** [Nr. 14], nach einem kurzen Besuch von Sachsens größter Kirche weiter zum **Residenzschloss** [Nr. 13] und entlang dem **Fürstenzug** [Nr. 30], dem größten Porzellanbild der Welt.

Am späten Mittag ist Sightseeing vom Wasser aus angesagt. Mit der nostalgischen ›Stadt Wehlen‹ wird zur 90-Min.-**Raddampferrundfahrt** [Nr. 16] auf der Elbe gestartet. Danach promenieren Sie auf der **Brühlschen Terrasse** [Nr. 17] und besichtigen das **Grüne Gewölbe** [Nr. 13] im Residenzschloss. Abends stehen die **Semperoper** [Nr. 2] oder das **Schauspielhaus** [Nr. 11] auf dem Programm. Der Tag klingt gemütlich im Restaurant **Italienisches Dörfchen** [Nr. 3] aus.

1 Wochenende in Dresden

Freitag Als erste Annäherung bietet sich eine **Stadtrundfahrt** [s. S. 132] an. Mit Bus und Schwebebahn geht es bis zum **Schloss Pillnitz** [Nr. 89], wo durch den Park geführt wird. Zurück in der City, wird das erste ›Muss‹ absolviert: die **Gemäldegalerie Alte Meister** [Nr. 6]. Wer möchte zu Hause erzählen, er war in Dresden, habe aber die ›Sixtinische Madonna‹ nicht gesehen! Dresden ist Museumsstadt, ein zweites Museum sollte es deshalb an diesem Tag noch sein. Entweder die **Rüstkammer** [Nr. 7] mit ihren Prunkwaffen oder die großartige **Porzellansammlung** [Nr. 8]. Beide haben im

Zwinger ihr Domizil. Der Abend ist für ein **Theater** reserviert, je nach Neigung: Oper, Operette oder Schauspiel. Wurden Karten nicht von zu Hause aus reserviert, ist vielleicht die Hotelrezeption behilflich.

Samstag Der Vormittag gehört der **Brühlschen Terrasse** [Nr. 17], dem ›Balkon Europas‹. Flanieren Sie von der Freitreppe bis ans Ende zum Brühlschen Garten. Danach geht es ins Residenzschloss entweder in das Neue **Grüne Gewölbe** oder – wenn es mit den limitierten Eintrittskarten geklappt hat – ins **Historische Grüne Gewölbe** [Nr. 13]. Nach einem Blick in den **Stallhof** [Nr. 29] schlendern Sie am **Fürstenzug** [Nr. 30] vorbei zum **Theaterplatz** [Nr. 1] und von dort über die **Augustusbrücke** [Nr. 15] in die Neu-

stadt. Vom **Goldenen Reiter** [Nr. 38] führt der Weg über **Hauptstraße** [Nr. 42], **Albertplatz** [Nr. 44], Bautzner Straße zum Käseladen in **Pfunds Molkerei** [S. 96]. Weitere Entdeckungen warten in der Rähnitzgasse und der **Königstraße** [Nr. 41]. In dieser Gegend ist eine interessante **Kneipenszene** entstanden. Besucher aller Couleur zieht es hierher, um oft bis in die Morgenstunden mit Einheimischen und Studenten zusammenzusitzen.

Sonntag Zu einem Dresden-Besuch gehört auch ein Schiffsausflug ins **Elbsandsteingebirge** [Nr. 99] mit grandiosen Naturerlebnissen. Hunger und Durst stillt

die Gastronomie auf dem Schiff. Kurort Rathen ist in 4,5 Std. erreicht, von dort wird zum berühmten **Basteifelsen** aufgestiegen, der einen grandiosen Rundblick bietet. Wer nicht erst abends in Dresden zurück sein möchte, wählt von Kurort Rathen die S-Bahn.

DRESDNER
VERKEHRS-
BETRIEBE AG